JN224619

菊池省三の真剣指導

「聞き合う力」「考え合う力」を鍛える授業

菊池省三
関原美和子／構成

小学館

装幀　近田火日輝（fireworks.vc）
カバーイラスト　野口奈緒子

目次

菊池省三の真剣指導

「聞き合う力」「考え合う力」を鍛える授業

菊池省三の真剣指導
「聞き合う力」「考え合う力」を鍛える授業

第1章

「聞き合う」「考え合う」授業への挑戦

「聞き合う」力は、学校でこそ育つ

他者を受け入れない子どもが増えている

ここ数年、歪んだ自己主張が強く、他者を受け入れないわがままな子が増えてきたように感じています。ベテランの教師が新年度からたった3か月で病気休暇に入ったり、1年間に何人も担任が替わったりという話を聞く度に、学校現場の疲弊を感じずにはいられません。なぜ、そういう子が増えてきたのでしょうか。

1つの要因として、新型コロナウイルスパンデミックの影響が大きいでしょう。机を離して学ばなければならなかったコロナ禍の時期、子ども達は話し合いの授業はおろか、雑談さえも控えなければなりませんでした。友達と言葉を交わし合う経験が大幅に少なくなったことが、その後の対話力に大きな影響を与えたことは間違いないでしょう。

2つめは、コロナ禍で遅れた〝学力〟を取り戻すことが重視され、教師達も子ども達も対話に意識が向かない状態が強まったことです。

人間関係を築くことは一朝一夕ではできません。その土台となる対話力を育てることも、同じように手間ひまがかかります。そこに時間を割くよりも、「動くな」「しゃべるな」の2大ルールに支えられた一斉指導で教え込み、学力を上げるほうが優先だと考えている教師も少なくありません。そういう教師から教えられた子ども達は必然的に対話が少なくなります。つながりが弱く、荒れた教室が増えたと感じるのは、こうした学びに大きな要因があると強く感じています。

子ども達がちゃんと座っているから、一見静かで落ち着いているように見えるのかもしれないけれど、それは荒れが表面化していないだけなのではないでしょうか。

一部の〝できる子〟達だけで進んでいく授業を受け、無気力になっていくその他の子ども達から、「諦めの荒れ」が浸透していくのです。

3つめは、2つめとも関連していますが、教師の「対話力を育てること」への認識の低さです。教室の後ろに貼ってある子ども達の目標に、「授業中3回は発表する」「1日5回は手を挙げる」と書かれているのを見ると、「ああ、この学級は、〝正解〟を答えるほうに力点を置いているんだな」という担任の姿勢が見えてきます。

コロナ禍を通して、学校という対面の場のよさや、大切さ、おもしろさが再確認されたにもかかわらず、正解主義にいく。教師の授業観が対話・話し合いに向かっていなければ、対話があふれる教室は実現しません。

4つめは、話すことと同様、聞くことも能動的な行為であることを教師が認識していないことです。椅子に座った姿勢を表す「グー・ピタ・ピン」のポスターを掲示したり、「静かに耳を傾ける」「聴くという漢字のとおり、耳と目と心で聞きましょう」と諭したり、礼儀作法やしつけレベルの受動的な聞き方の指導に終始することが多々あります。

このような指導を受けている教室は、硬直した空気に包まれます。それに嫌気がさしてそっぽを向いている子ども達も少なくないのです。

聞くことの根底にあるのは

「聞く」ことの根底にあるのは、「相手と楽しい時間を過ごしたい」「相手のことをもっと知りたい」「お互い一緒に成長したい」、そういう思いです。

聞くことは相手軸に立った思いやりの行為です。改めてそう考えると、私がよく使う対話の公式も、〈話すこと×聞くこと〉ではなく、〈聞くこと×話すこと〉のほうがしっくりくるのではないかと考えています。

聞く・話すという行為は、交互に繰り返されるので、聞き手・話し手の両者に思いやりがなければ、豊かな対話・話し合いは成り立ちません。

これまで私は、対話力を高めるコミュニケーション力の公式を提唱してきました。そこで、聞く力を意識した新たな公式を提案したいと思います（下図）。

聞く力と話す力が循環しながら、コミュニケーション力を高めていくことを示しています。

一人ひとりの違いを認め合い、一緒に学び合う

講演の際、「発表しない子がいますが、どうすれば菊池先生の授業のように、みんなが手を挙げるようになりますか？」という質問をよく受けます。たくさん手を挙げること＝いいこと、という捉え方をしているようです。発表の定義を「挙手、指名、発表」に限定しているのです。

〈対話型コミュニケーション力の公式〉

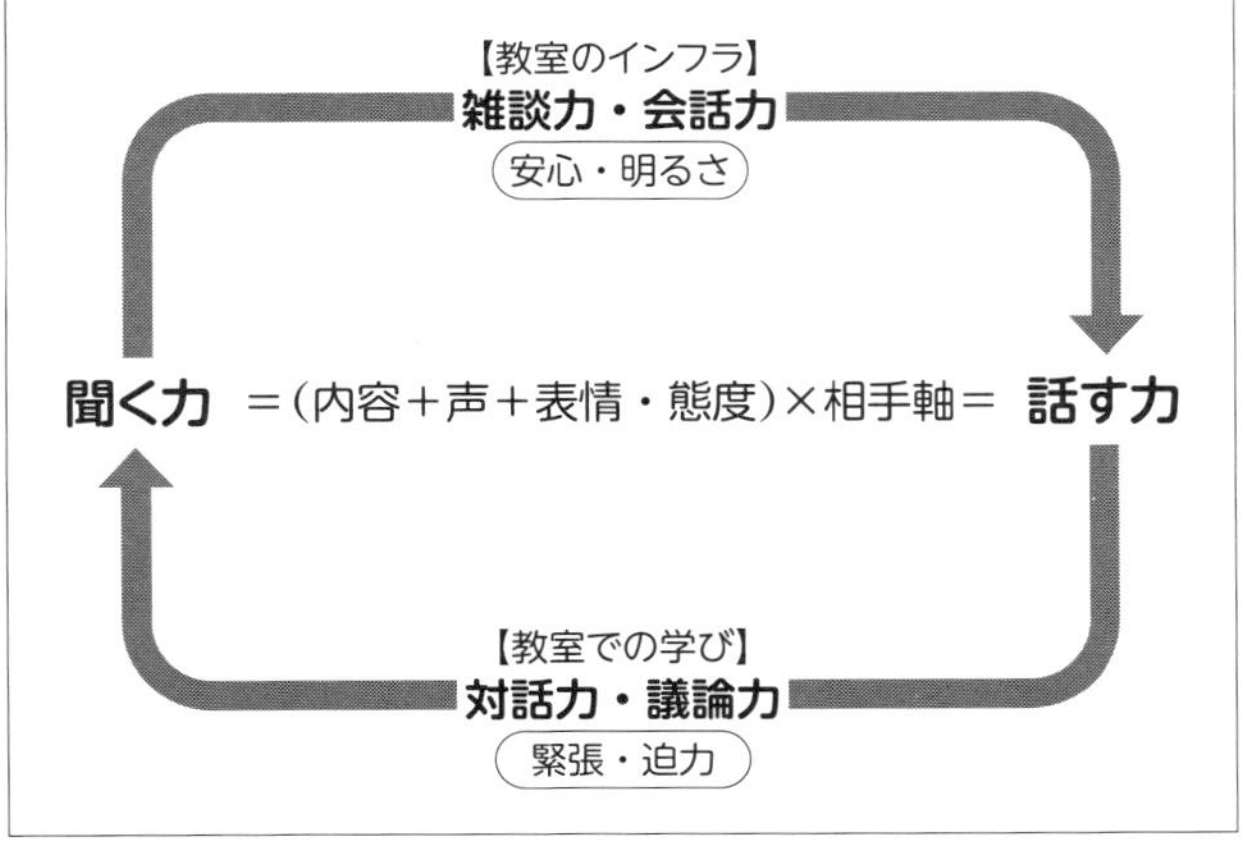

私は「発表の定義をもっと広い意味で捉え、子ども達のいいところを見つけていけば、子ども

達の集中力が高まっていきますよ」とアドバイスします。

自由に立ち歩いて意見を交換することも、○○さんの発表を聞いて「あ、私も同じだ」と手を挙げることも、「いや、私は違う意見だな」とリアクションすることも、広く発表と捉えればいいのです。挙手や発言だけが発表ではありません。話せなくてもしっかり聞こうとしている子を大事にする指導スタイルでいけば、徐々に聞き合う土壌ができてきます。

聞くことの重要さを教師が意識し、まずは教師自らがしっかり聞くことが大切です。子ども達が「発言しなければ」という強迫観念から脱していけば、教室の空気が変わっていくはずです。

このとき重要なのは、「一人ひとり違っていい」という視点を忘れないこと。

教師の問いには、「正解を求める問い」と、「考えてつくる意見を出す問い」の2つがあります。対話・話し合いは、基本的に後者の問いが中心になります。自分で考えて意見をつくるのだから、当然、一人ひとり違って当たり前です。教師がその違いを楽しむことで、子ども達も友達の意見を聞き合って考え合うようになっていきます。「話し合いは楽しい」と考える子ども達が増えていき、聞き合う・学び合う教室に向かっていくのです。

多様な人間が集まっている教室で大事にすべきことは、個々を認め、他者と認め合うことです。それこそが、主体的・対話的で深い学びの目指すゴールなのです。

支援が必要な子や不登校の子の課題、いじめの問題も、「一人ひとりの違いを認め合い、一緒に学び合う」という同じ軸に立って考えることが大切です。すぐには解決できないし、すべては解決できないかもしれませんが、解決の方向に向かうために必要な前提です。

学校は「〇〇合うところ」

学校は「〇〇合うところ」だと私は考えています。様々な人とかかわり合う学校でこそ育つ力があるからです。その中で、特に大きな鍵になるのが「聞き合う」指導です。

研究会等に参加すると、「共感的に聞き合う」「建設的に聞き合う」「批判的に聞き合う」ことの大切さを説く教師が大勢いますが、その多くは具体例を出さず（出せず）、言葉だけが空回りしています。

聞き合う指導は、「話し合う指導に比べて目に見えないので難しい」という意見も聞きますが、見方を変えれば、教師の視点次第でいくらでも取り上げられるわけです。例えば、発表している子に体を向けて聞く姿。「えっ、本当に!?」と大きなリアクションをする姿。「そうだよね。私も〇〇をしているから、その気持ちすごくわかるよ！」と答えを返す姿。「今、〇〇ちゃんの意見を聞いていたら、どっちがいいかわからなくなっちゃったよ」と考え込む姿……。話し合いの場面で、こうした具体的な姿や行為を価値づけてほめればいいのです。

ポイントは、どれだけ〝合って〟いるかを取り上げることです。例えば、うなずき合う、目を合わせ合う、頭を近づけ合う、声のトーンを合わせ合う、かかわり合う、声をかけ合う、問いかけ合う、促し合う、寄り添い合う、微笑み合う……このような行為を価値づけてほめることで、周りの子ども達にも少しずつ広がっていきます。

最近、菊池道場のセミナーや勉強会で、ストップモーション分析（動画を使った授業検討）を行うことが多くなりました。講話やレポートだけでなく、実際の授業をもとに、ポイントを説明したり疑問点を質問し合ったりするほうが、より建設的な勉強会になるからです。

その中で、私の「聞き方」について、よく指摘されることがあります。

●子どもに書かせる場面で、菊池は子ども達が書いている内容をほとんど見ない

子ども達が考えることは想定内だし、もし書けていなくても、後でいいところを見つけて10割ほめようと思っているので、見なくても大丈夫だと考えているからです。

「10割ほめる」とは、その子の発言を聞き、受容することです。書いた内容が今ひとつだったとしても、非言語の部分をほめればいいのです。むしろ、子ども達とのやりとりを一緒に楽しんだほうが授業にライブ感が出ます。書いて発表させることではなく、その先を考えることが、話し合い活動の目的です。多様な意見が出てきて、それをもとに次に進むことが授業の核なので、書き込み自体は重視していません。もちろん、通り過ぎるときにたまたまおもしろい書き込みを見たら、「ほお、そんなこと考えたんだ。すごいねえ」と声をかけ、発表を促すことはします。

●一人ひとりの発言に、感嘆詞でリアクションをしている

「おおっ」「へえ」などの感嘆詞で声かけをしてほめたり、わざと間を空けたりすることで、子ども達が発表している子に注目するようにします。

私が聞き方のモデルを示すことで、子ども達も同じように聞こうとします。

同時に、「この先生、この授業では何を言っても大丈夫なんだ」という安心感を全体に伝えるメッセージにもなっているのです。

この他にも、次ページからの表のように、私が心がけている言葉かけがあります。言葉かけ1つをとってみても、このように効果を考えた聞き方をすれば、子ども達も聞く・聞き合うことにもっと興味を持つものです。

そこに教師の意識が向かわないと、教室の中では毎日のように「静かに聞きなさい」という礼儀作法と、「しっかり聞きなさい」という内容の注入ばかりを指導することになります。

安心感や聞き合うことの大切さ、おもしろさを知ってこそ、そこから先の新たな思考や深まり、変化が生まれるのです。

6．聞き取らせ再現させる……………………………学び合う教室を育てる２

- ○○さんの話したことを言える人？
　↓
　○○さんにもう一度話してほしい人？
　↓
　○○さんの話したことを隣同士で確認してごらん
　↓
　○○さんの話したことを言える人？

> **目的をはっきりさせる**
> ○一人の発言内容→拡散させないで内容を絞る→子どもを観察してほめる

7．先の予想をさせる………………………………主体的な学び手を育てる

- 先生は次になんと聞くでしょうか？
- なぜ、先生は（握手）をしたのでしょうか？
- ○○さんはなぜこう（書いた）のでしょうか？
- 次にする（話し合い）をしたらどんないいことがあると思いますか？

8．学級への想像力を意識させる………全員参加の対話・話し合いへの布石

- （AとB）このクラスはどっちが多いと思う？
- ○○さんは（AとB）どっちだと思う？
- 何人ぐらいが変わる（意見を変える）と思う？
- 友達の意見を聞いて自分の意見のどんなところが変わると思う？

9．「反応→発言」を促す…………………………指名なし発表、討論への布石

- 「聞く→発言」はセットです。礼儀です
- 聞いているから手が挙がるんだよね
- 先回りして考えていたからすぐに手が挙がるんだよね
- よいクラスは、発言者が後から増えてくるんだよ

> **能動的な学び方を育てる**
> ○自由起立発表を目指す
> ○教師の影響力を薄め、自分達の学びを促す

10．フォローし合うかかわりを意識させる ………………自由討論への布石

- ○○さんが～～と言えたのは、本人も偉いしみんなが安心感を出しているからです
- ○○さんが何に悩んでいるかわかる人いますか？
- ～～と言った○○さんの気持ちがわかる人いますか？
- ○○さんが言おうとしていることを代わりに言える人いますか？

授業における「聞く力」を伸ばす言葉かけ

1．教師が上機嫌な聞き方のモデルを示す……………………教師のかかわり方

- 笑顔
- うなずき
- 相づち
- 拍手

教師のコミュニケーション力＝
（内容＋声＋表情・態度）×相手軸
○内容…価値語、授業構成（スリルとサスペンス、15分×3）
○声…スピード、大小、間　○表情…笑顔、目線
○態度…身体スキル　○相手軸…ほめて、認めて、励ます

2．話し手に正対させる…………………………………………関係性を育てる１

- 先生（話し手）を目で追っています
- ちょっと心臓を向けて聞いています
- 足元が聞き手を意識しています
- 思いやりを表情と態度で示してごらん

学級の基本的ルールを教える
○聞き合う行為や態度でつながりを意識させる
○10割ほめる目で価値づける

3．リアクションを促す…………………………………………関係性を育てる２

- ここで、拍手！
- 「えーっ！、わおっ！、おぉー！」などとリアクションするの！
- ○○さんが笑顔で聞いている
- ○○さんは、（スピード、前かがみ、うなずきなど）先生と呼吸を合わせています

4．スピードを意識させる……………………………学び合う空気をつくる

- 切り替えスピードが速いですね
- スピード違反！　やる気がある
- 「あっ、思いついた！」と頭の中が動いている
- スピードは集中、集中力は聞く力

気になる子を学級に位置づける
○プラス評価で全体に響かせる
○教室全体にリズムとテンポを生み出し、呼応した空気をつくり出す

5．違いを聞き比べさせる……………………………学び合う教室を育てる１

- ○○さんが話したことを聞いていて、言える人？
- ○○さんと□□さんが、同じ言葉を使いました？　言える人？
- ○○さんがつぶやいたこと、聞いていた人？
- ○○さんの言ったこと、隣の友達に、「あんた、聞いてたか？」と聞いてごらん

「聞き合う」「学び合う」力をつける話し合い指導のポイント＆活動例

雑談	・話のキャッチボールを楽しむ ・アイコンタクトを意識する ・自分のことを話す ・うなずきを入れる ・正対する ・リラックスした身体でいられる ・笑顔を大切にする ・頭を近づける ・返事をする ・自分からも話す
会話	・明るい声で話す ・同じテーマで続ける ・相手の非言語も意識する ・２～４人程度で楽しむ ・問いかけ合う
対話力・議論力	**【学級ディベート】←議論力** ・引用して話す ・理由をつけて話す ・準備して話し合う ・質疑を楽しむ ・チームで協力し合う **【子ども熟議】←対話力** ・生活を見直そうとする ・否定しないで掛け合いを楽しむ ・新しいアイデアを出す ・自己開示し合う ・相互理解を大切にする **【少人数による話し合い】** ・番（話す意見内容や話し合いの流れ）を意識する ・平等（みんなが参加できるように）を心がける ・考えが変わってもいい ・考えがわからなくなってもいい ・相手への共感を大切にする **○道徳科** 「主人公の取った行動が一番よかったか？　○か×か」 「主人公のしたことは○か×か」 「（複数の発表後に）主人公の気持ちで一番納得できるのはどれか？」（介入） **○国語科** 「主人公の気持ちがガラリと変わったところはどこか？」 「筆者の一番言いたい段落はどこか？」 「主人公はＡとＢどっちの気持ちだったのか？」 **○社会科** 「雪国の人達は幸せか？」 「縄文時代と弥生時代どっちが幸せか？」 「奈良の大仏はもっと小さくてもよかった。○か×か」 **○学級活動** 「○年○組は、修了式までに何を一番大切にすべきか？」 「下級生と遊ぶゲームは何がふさわしいか？　ＡかＢかＣか」 「児童会活動を活発にするためにどうすればいいか？」

「聞き合う」「学び合う」力を伸ばす3つの「わ」

コミュニケーションに必要な３つの「わ」

人とのつながりにおいて大切な要素として、３つの「わ」があります。「輪」と「話」と「和」。「輪」は手を携えて協力し合う関係や絆を指し、「話」は対話、「和」は和やかな関係性という意味をもちます。この３つの「わ」がそろって、人同士のつながりが豊かになるといいます。

本来は関係性を意味していた「輪」ですが、最近、子ども達の様子を見ていて気づいたことがあります。新年度、話し合い活動をさせようと子ども達に集まってもらうと、どこも４～５人の「輪」になることができず、隅っこに行ってしまったり、仲がいい二人だけで話したり、単に向かい合っているだけだったり、と、輪になれません。もち上がりの学級でも、クラス替えをした新しい学級でも同じです。

近くの席同士でのペアやグループでの話し合いならば向かい合えるのに、同じ意見同士で集まってもらうと、輪になれない。よくよく見れば、近くの席同士での話し合いも、机がぴったりくっついていなかったり、体が向き合っていなかったりで、話し合いにふさわしい形ができていません。そういう話し合いを経験してきていないこともありますが、何より大きいのは、教室が安心できる場になっていないからでしょう。

思い返せば、私が荒れた学級を受けもった際、始業式終了後、子ども達を体育館にそのまま残らせたことがありました。バスケットボールコートのセンターサークルに沿って座ることを指示しましたが、仲良しグループのメンバー同士が密着して座るため、グループとグループの間はやたらと隙間が空いてしまいます。空いている場所があっても、サークルにさえ入れない子もいます。それはそれはいびつな輪でした。自分のことで精いっぱいで、他者に意識を向けることができず、安心感がもてない集団の中で「輪をつくりなさい」と言っても、身体的にも精神的にも難しいことだと、改めて実感しています。

まず「輪」になることを価値づける

「教室は家族です」と力を込めて話す教師がいますが、実際にその教室を訪ねると、全然「輪」

の空間ができていないことが多々あります。

家庭でこたつを囲みながら和む光景を想像してください。おじいちゃん、おばあちゃんと子ども達がこたつに入って輪になって、向かい合いながらおしゃべりをするうちにその場が和んでくるでしょう。気づいたら、お父さんもお母さんも家族みんながこたつに集まって雑談に加わっている。まさに３つの「わ」がそろった状態です。

輪の中で、子ども達はフランクに雑談や会話を楽しみます。雑談や会話といっても、休み時間に仲良しグループでじゃれ合うものとは異なります。教師が出したテーマに沿って集まるのですから、話す内容は当然、テーマに沿ったものになります。いわば公の雑談・会話です。この雑談・会話がその後の話し合いの土台になっていきます。

話し合いでは、相手の意見を聞いていなければ言葉を返すことができません。聞いているから、疑問に思ったことについて質問できるし、反論もできる。その繰り返しにより、話し合いが、「聞く」「話す」から「聞き合う」「話し合う」場になっていきます。相手のことを考える根底には、聞くことがあるのです。

迫力ある話し合いができている子ども達を見ると、誰かが話しているとき、他の子は話しません。きちんと話して、きちんと聞く。話し合いが熱を帯びてくると、相手との距離が縮まってどんどん輪が小さくなっていく。これができることで迫力のある話し合いになるのです。

このようなことから、人間関係が十分できあがっていない段階においては、まず輪になることを価値づけ、指導していく必要があります。

教室をふらふら歩き回ったり暴言を吐いたりする子がいると、こうした話し合いの輪に入れないことが多々あります。そういう子も受け入れられるようにするには労力が必要です。

一律に椅子に座らせていれば、そこに手間ひまをかける必要がありません。教師は、無意識ながらそういう学級の実態から目を背けたいがために、机と椅子に子ども達を縛りつけているのかもしれません。

物理的にも心理的にも輪ができる環境づくりを

輪になって話し合いをしているとき、教師は、輪の中の子ども同士をつなぐだけではなく、学級全体をつなぐことも意識した声かけをする必要があります。

話し合いの最中に、「ちょっと待って、何か気づくことない？」と子ども達に尋ねます。「男女が一緒に話している」と答えが出てきたら、「そのとおり！　みんなで学び合うんだから、当たり前だよね。このグループは体を近づけて小さな輪になって話し合っています。すごいね。みんなで拍手をしましょう」と言葉をかけると、他のグループもそうなっていきます。こうした言葉かけを日常的に繰り返すことで、子ども達は「話し合いはこういうものなんだ」と自然に思うようになっていくのです。

個々の子どもをほめる場面だけでなく、「輪になったとき、グループみんなが自然に拍手していたね」などと、グループをほめる場面も大切です。

話し合うためには、まず輪になること。それができるようになれば、着席したままで発表しても、みんなで意見を聞き合えます。教室全体が、1つの大きな輪になるのです。

多くの教師は、日常的に「発表している人の話を聞きなさい」と指導しますが、輪になれない子ども達は聞き合うことができません。

子ども達は、雑談・会話を通して、コミュニケーションの基本を身につけていきます。朝の会や帰りの会など、ほんの少しの時間でいいので、日常的にフリートークやほめ言葉のシャワー、質問タイムを設けて、子ども同士で聞き合う時間を確保しましょう。

輪になることで子ども達は、知恵を出し合うこと、相手を尊重し合うこと、自分も貢献すること、困った友達をサポートすること、みんなで進む方向を決めたり、変えたりすることができるようになっていきます。

聞き合う力の基本は輪で育っていきます。物理的な輪も意識したうえで、心理的な輪をつくっていく。物理的にも心理的にも輪ができる環境づくりを、教師は意識しながら声がけをする必要があります。

「話」に必要不可欠な相互理解と自己開示

自然に「輪」をつくれるようになり、学級の人間関係ができてきたら、次に意識するのは「話」です。

「話」とは字のとおり、対話力です。対話の力を伸ばすために必要不可欠なのは、相互理解と自己開示です。

話し合いの授業で子ども達に意見を書かせると、「こういうことがあります」という「正解」らしき報告をいくつも並べるばかりのレポートが目立つ学級も少なくありません。

会社や組織で求められるのは事実のみを記したレポートで、その人らしさは必要ありません。業務報告であれば、簡潔にまとめられているレポートのほうがいいのは確かです。しかし、学校教育では、レポートにまとめる指導だけでは、書くこと・話すことの半分しか教えていないのと同じです。

「正解」に自己開示は必要ありません。正解を記述するレポートは書けても、「主人公の気持ちになって考えてみると……」「自分もこういうことがあったから……」というエピソードが書けないのは、経験がないからです。「正解」を答えることだけを求められてきた子ども達は、答えを教科書やインターネットなど外側に求め、自分の内側からつくり出すことのおもしろさを知らないのです。

レポートばかりでエピソードがないのは、何も子どもに限ったことではありません。大人でも、教師でさえも、同様です。

人はエピソードに共感するものです。それは、必ずしも「同意する」ことではありません。大切なのは、「この人は、どういう考えに基づいて、そういう結論を導き出したのだろう」と考えること。そう感じて質問したり、共感して受け止めたり、相手の思いに気づいたりすること。経験を通して、そういう聞き方、考え方ができるようになっていくのではないでしょうか。

人はエピソードに共感する。だから、相手を「もっと知りたい」と思い、傾聴するのです。エピソードを伝えることは自己開示です。自己開示の対極にある「正解」ばかりが並べられたレポートでは、お互いの心が動くことはありません。

自己開示は学級のインフラ整備とともに

自己開示の土台をつくるための活動が、フリートークや質問タイム、ほめ言葉のシャワーです。

「そういうふうに私のことを受け止めてくれているんだ」と、一人ひとりが安心感をもてる活動は、教室の温かい空気づくり、つまり学級のインフラ整備にとって欠かせません。

これらの活動を教室で行う場合、最初は教師主導で半ば強制的に、全員参加で順番に進めていくことになります。子ども達にとって初めての活動なのだから当然です。

それを毎日積み重ねていくことで、自己開示が進み、相互理解が少しずつ深まっていきます。つながりができてきた子ども達が、次のステップへ進むためには、成功体験とチャレンジと対話力が必要です。

ほめ言葉のシャワーなど新しい活動にチャレンジし、対話を深めていく。その姿を教師が「ほめて認めて励ます」ことで、成功体験につながります。

話し合い活動では、お互いの意見をどれだけ聞き合えるかが、大きな鍵となります。

話し合いの際、私は子ども達に次のようなグランドルールを示しています。

- 下品なことや人を傷つけること以外なら何を話してもいい
- 否定的な態度で聞かない
- 話せなくても、一生懸命聞いてあげよう
- なるべく問いかけ合うようにしよう

改めて見直してみると、このルールは、聞き合うことに関係していることに気づきました。

「否定的な態度で聞かない」ためには、うなずいて聞く、相づちを打つ、相手が話をしているときは黙って聞く、笑顔で聞く、目を合わせるなどのリアクションが必要です。どれも至極当然のことですが、果たしてどれだけの教師が指導しているでしょうか。

子ども達は話し合いに必要な知識を、〝学習用語〟としては習っていても、活用することができていません。なぜならば、そもそも、聞き合うためのコミュニケーション力が身についていないからです。

だからこそ、話し合う場面では、お互いに聞き合うよう促す教師の言葉かけが必要です。「一生懸命聞く」というのは、「発表者の言葉以外の伝えたい思いまでもくみ取ることだ」と、教師が周りの子ども達に伝えることが大切です。

例えば、発表の途中で、言葉が追いつかずめちゃくちゃな語彙で話したり、身振り手振りで伝えようとする子がいます。そういうとき、「○○さんの伝えたい思いの強さが身振り手振りに表れていますね」「今、こういう気持ちになっているんだね」と補う言葉かけをすることで、周りの子達も、非言語の部分まで意識して聞くようになっていきます。発表者の言葉だけを理解して聞くのではなく、「どんな思いで話しているのか」「何を伝えたいのか」、そういう内面を想像しながら聞くことに気づかせる言葉かけが必要です。

「なるべく問いかけ合うようにしよう」と直接伝えるのではなく、まずは教師が、「もう少し詳しく教えて」「例えばどんなときにそう感じたの？」「今の意見、○○さんはどう思う？」と問いかけ合いを促す言葉かけをして、子ども達に意識させるようにします。

ディベートのキモになる〝聞き合う〟力

話し合いに慣れてきたら、ディベートやディベート的な話し合いに取り組みます。

ディベート的な話し合いというのは、テーマについて賛成・反対の立場に分かれて議論を行う活動です。

ディベートを学ぶことで、次のような力が身についていきます。

- 議論の見通しをもつ
- お互いの意見を聞き合う
- 根拠がある意見をつくる
- メタ認知ができる
- ルールのある話し合いの価値を学ぶことができる

ディベートでは、「議論をつくる」（立論）、「議論をする」（質疑や反駁《はんばく》）、「議論を読む」（審判）という3つの力が必要になります。

ディベートというと、話すことに目が向きがちですが、じつは〝聞き合う〟ことがキモになります。自分のチームが発表しているときも相手チームが発表しているときも、それを審判しているときも、発表をしっかりと聞いていなければ、議論をすることも、議論を読むこともできないからです。勝ち負けのあるディベートだからこそ、子ども達に〝聞き合う〟ことの大切さを意識させることができるのです。

「輪」と「話」を通して、「和」が成り立つ

「輪」と「話」を通して、お互いに認め合う関係性が築けた教室の空気は和やかになります。これが、３つめの「和」です。

こうした教室では、子ども達の話し合いの質をさらに高めるために、少人数での話し合いを積極的に取り入れていきましょう。

少人数での話し合いでは、教師の言葉かけによって、その質を高めていくことが大切です。話し合いの質を考える際には、「子ども達の関係性」「聞き合い方」「話し合いの内容」の３つを意識する必要があります。

それぞれの質を高めるための教師の言葉かけを例示したいと思います。

１つめの「関係性」の質を高めるには、話し合いの前や最中に、みんなに「今、気にかかることない？」と尋ね、「一人ぼっちの子がいる」と子どもが答えたら、「そうだね。じゃあ、今日の話し合いでは声をかけよう」と伝えます。

２つめの「聞き合い方」には、１つめの関係性と３つめの内容の間に位置し、両者をつなぐ意味合いがあります。「このグループはうなずき合って聞いているね。他のグループも負けないようにやろう」「相手側の意見をしっかり聞かないと、質問にも答えられないし、反論できないぞ」と、非言語の部分を中心とした声かけが多くなります。

３つめの「内容」の質を高めるには、「プラスのことを付け加えたんだね」「証拠に当たるデータをもう１つ示したんだね」「聞いてもわからなかったところをもう一度尋ねたんだね」など、子ども達の

学級の成長を加速させる３つの「わ」

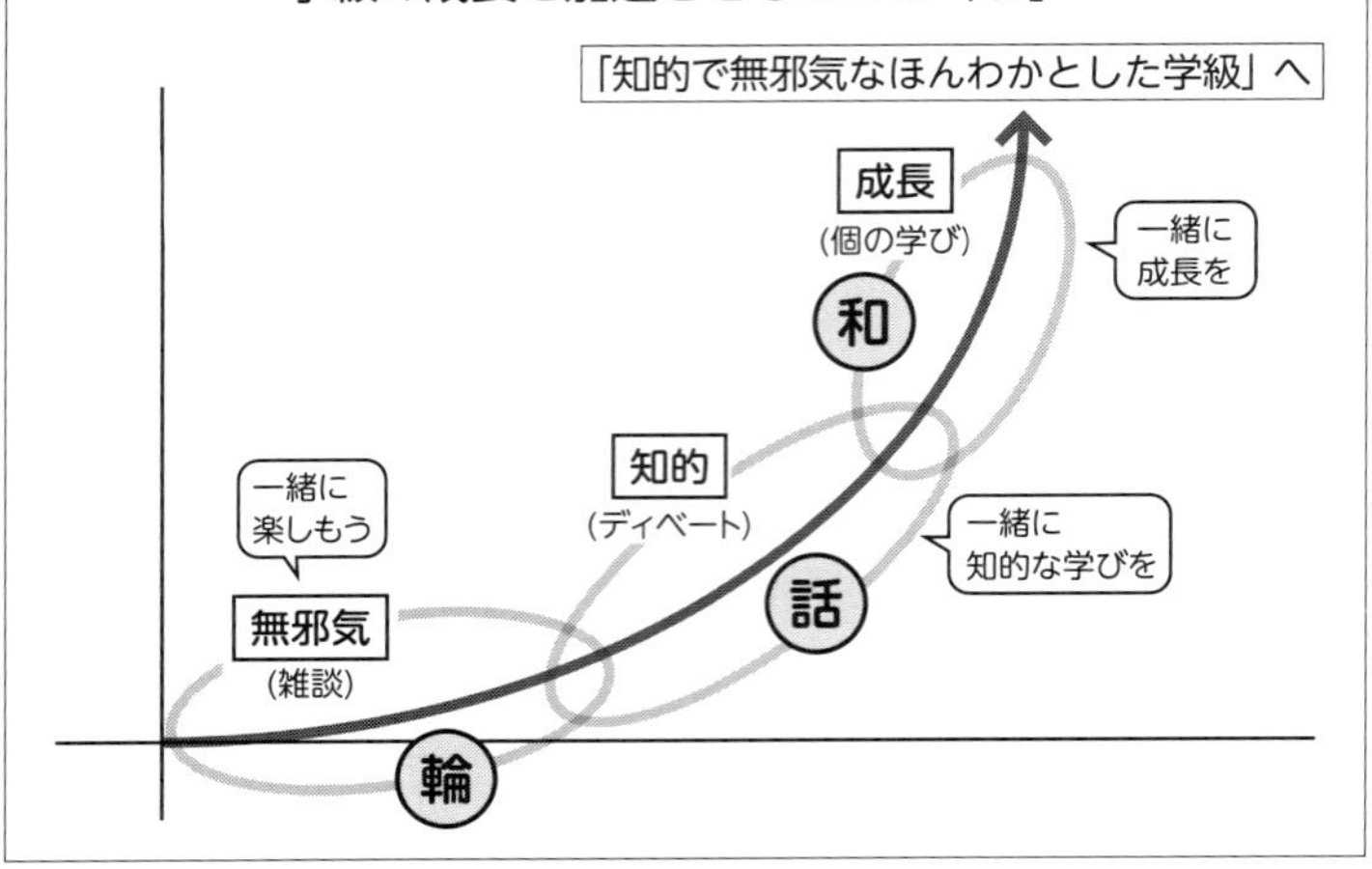

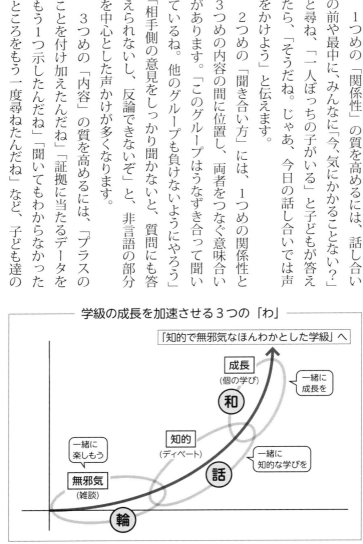

〈写真で見る 菊池学級の3つの「わ」〉

輪

頭を寄せ合った輪の中で、子ども達の雑談・会話が弾む。

話

迫力ある話し合いをするためには、相互理解と自己開示が必要不可欠。

和

お互いを認め合う和やかな教室では、少人数での話し合いも活発に。

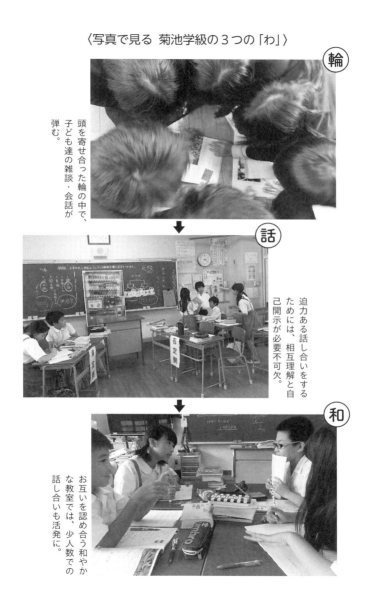

発言内容についてさらに掘り下げて聞きます。

　これらは、ディベートで要求される、「議論をつくる」「議論をする」力を伸ばす言葉かけで、ときには負荷を与えて、子ども達のさらなるやる気を引き出す言葉かけを意識します。

　3つの「わ」は、学級の成長曲線と連動し、無邪気で知的なほんわかとした学級をつくっていきます。教師は、子ども達の様子を観察しながら、場面やレベルに応じ、個人や全員に向けて声かけをしていきます。瞬時に的確な声かけをするためにも、常に感覚を研ぎ澄ませておきましょう。

学習ゲームを通して、友達との距離が縮まっていく。

話し合いが進むにつれ、輪がどんどん小さくなっていく。

第2章

「聞き合う」教室の空気づくり

すべての教科の基盤となる〝空気づくり〟

今こそ必要なコミュニケーション力

学校教育の目標は言うまでもなく、「公（おおやけ）社会に役立つ人間を育てる」ことです。「公社会に役立つ人間を育てる」とは、自分を表現し、相手を理解し、課題を解決しながら物事をつくりあげていく力、すなわち民主主義の根幹になる力をもった人間を育てることです。教室は、一人ひとりが自分の意見をもち、相手の意見を認め、お互いに高め合っていく場でなければなりません。そのとき、絶対に必要なのが、コミュニケーション力であると私は考えています。

私がコミュニケーション力の育成を意識しはじめたのは、公立小学校の担任だった30代の頃。新しく担任することになった子ども達に自己紹介をさせたところ、自分の名前さえ言えず泣き出してしまった子どもの姿に衝撃を受けたことがきっかけでした。

友達の顔色をうかがい、お互いに牽制し合う、冷ややかな学級を目の当たりにした私は、それまで培ってきた指導方法では太刀打ちできないことを痛感しました。

どうすれば、一人ひとりが安心してありのままの自分を出し合うことができるのか――。教育書はもちろん、ビジネス書等様々な分野の書籍を読んだり、先輩教師にアドバイスを求めたりしながらたどり着いたのがコミュニケーション力です。

当時、学校教育でコミュニケーション力の育成についての研究・実践はほとんどなかったため、1つひとつ私なりに模索しながら、子ども達と向き合ってきました。手探り状態で始めた取組でしたが、1年間が過ぎる頃には、子ども達は確かに変わりました。硬い殻を脱ぎ捨て、自分を表現する積極的な子どもに育っていきました。一人ひとりの育ちと同時に、学級も温かい絆でつながっていきました。

1年間の指導を通して感じたのは、コミュニケーション力の指導は、単に「話す」「聞く」技術を教えるだけでなく、子どもの人間形成に大きな影響を与えるのではないかということでした。

一人ひとりが豊かな言葉を獲得し、自分を表現する。友達との学び合いを通して様々な意見や考えを知り、相手を理解する。この繰り返しが、一人ひとりに自信をもたらし、自分と同じように相手の存在も大切に思う信頼感を育み、温かい学級を生み出していくことを確信した私は、対話・話し合いを通してコミュニケーション力を高めていくことに力を入れてきました。そして、コミュニケーション力を伸ばす授業は、今も私のライフワークとなっています。

人間関係が教室の空気感をつくり出す

幼稚園・保育所から大学まで全国の様々な教育現場で授業を行っています。

教室に入ると、初めて出会う子ども達は皆、緊張と期待が入りまじった表情をしています。こちこちに固くなった子どもを見ると、事前に担任や他の先生に「きちんと授業を受けなさい」と言われたのかな、と感じます。そんな子ども達に対して、私はまず笑顔になるような言葉かけやパフォーマンスで、その緊張を解いていくようにします。今から行う授業は、みんなが笑顔で楽しむものだということを感じてほしいからです。

授業後、子ども達からは「今日はたくさん考えた」「いろんな意見を知ることができた」「友達と意見を出し合ったのがすごく楽しかった」という感想をもらいます。参観していた先生方からも、「いつもは意見を出さない子も、今日は発表していた」「あの子がこんな考えをもっていたのに驚いた」という話を聞きます。〝静かに座って先生の話を聞く授業〟に慣れている子ども達・先生方にとって、アタマとカラダをフルに使って子ども同士がかかわり合う授業は新鮮に映るのでしょう。

全国各地で初めて出会う子ども達と接しながら、担任をもっていた頃にはあまり意識しておらず、担任を辞めてから意識するようになったことが、ここ数年でよりはっきりしてきました。

その1つが、教室の〝空気〟、つまり担任と子ども達が醸し出す教室の空気感です。

若い頃、先輩教師から「2～3分いれば、その教室がわかる」と聞き、衝撃を受けましたが、自分も経験を重ねるうちにそれを実感するようになりました。教室に漂う空気感は、子ども同士の関係や担任の指導など、学級経営のすべてを語っているのです。

教育学者の齋藤孝・明治大学文学部教授が著作の中で、「空気は、人と人との関係で決まる」と述べていますが、まさにそのとおり。教師と子ども達、子ども同士の人間関係が教室の空気感をつくり出しているのです。

子ども達の主体的な学びを育てる土壌となる、活発な意見を交わす場をつくるためには、どのような空気を醸し出していけばいいか。

すべての教科の基盤となる〝空気づくり〟に、教師はまず目を向けることが重要です。

「ほめて認めて励ます」プラスのアプローチで

教室はみんなで学び合うところです。そして、教室の学び合う空気は、みんなが協力して一緒につくり上げていくものです。子どもの活発な学びは、自分に自信をもち、お互いに認め合える信頼関係がある温かい学級が土台にあってこそ成り立つものです。

温かさ——これこそが教室に求められる〝空気〟です。

温かい学級とは、一人ひとりが自分らしさを発揮でき、自分の居場所として実感できる学級です。子ども達が「うちのクラスはこんなクラスなんだよ」と、自信をもって話すことができる学級であるべきだと思います。

温かい空気づくりに必要なのは、まず一人ひとりの子どもが安心感を持てること。「どんな意見を言ってもいい」「間違えても大丈夫」「いろいろな意見があって当たり前」だと、子ども達に実感させることが大切です。

そのためには、教師には「ほめて認めて励ます」プラスのアプローチが必要です。「ほめて認めて励ます」というのは、教師が子どものプラス面に目を向けることであり、望ましい方向性を示すことでもあります。

「〇回手を挙げて発言した」などの表面的な現象だけではなく、子どもの内面や非言語の部分にも目を向けなければなりません。

例えば、発言している子に対してうなずきながら聞いている、発表で詰まってしまった子がいたら助け船を出してあげた、一人でも黙々と掃除をしていたなど、周りの子とのかかわりや過去との比較、その子の非言語の部分や内面をも含めて、成長を認めるということです。ですから、ほめる際には行為（事実）だけでなく、その行為にはどのようなよさがあるのか、必ず意味づけ・価値づけをして言葉かけをします。

意味づけ・価値づけをすることで、ほめられた子だけでなく、他の子もその行為のプラス面を意識するようになります。また、教師がプラスの視点で子ども達にアプローチすることで、子ども達自身もまたプラスの視点をもつようになっていきます。

温かい空気づくりにおいては、子ども達に次の３つの視点を保障する必要があります。

- 一人が美しい……自分の意見をもち、一人で行動できること。他者の意見に流されず、時にはたった一人になっても自分の立場を貫くこと。
- 一人をつくらない……異なる行動や考えでも排除しないということ。むしろ積極的にかかわってお互いを認め合おうとすること。
- 一人ひとり違っていい……自分も相手も認めるということ。

これらが保障されないと、子ども達は自分らしさを発揮できません。

そのためには、教師は普段から子どもの細部まで見渡すことが必要です。「○○さんは、さっき廊下に落ちていたゴミを拾ってさっとゴミ箱に捨ててくれました。まさに一人が美しい、ですね」などと価値づけてほめます。

実際の行動を取り上げることで、子ども達は「一人が美しい」とはどのような行動なのか、より実感できるのです。

この3つの視点が発揮されれば、子ども達は人と意見とを区別できるようになり、学級の人間関係は、群れから集団へと成長していきます。

1年間の見通しをもって〝空気〟の温度を上げていく

アメリカの心理学者、ブルース・タックマンは、チームビルディングの過程について、「形成期」「混乱期」「統一期」「機能期」「解散期」の5段階を経る、と提唱しています。この考え方は「タックマンモデル」と呼ばれ、ビジネス分野で応用されています。

タックマンモデルを学級の成長段階に当てはめると、学級は「形成期」「混乱期」「標準期」「達成期」の4段階を経て成長していくのではないかと考えています（左ページの図参照）。

「形成期」は、新しい学級でスタートした初期の段階を指します。

この段階では、子ども達がお互いをまだ把握していないため、不安や緊張感が生じます。1〜

2か月間の短い時期だと捉えがちですが、一学期の間は大まかに「形成期」であると考えたほうがいいでしょう。

「形成期」においてはまず、1年間の見通しを子ども達に示すことが重要です。人間関係は上がったり下がったりの曲線を繰り返していくこと。学級全員が自分らしさを発揮し、お互いに認め合う教室を目指していけば、曲線はやがて右肩上がりになっていくこと。そして、学級全員で成長し合うことで、その曲線はどんどん上がっていくことを話します。下のような図を示しながら、説明してもいいでしょう。

曲線を右上へ伸ばしていくには、新年度当初に「教室は安心できる場所だ」と子ども達に実感させる温かい空気づくりが必須です。「形成期」にこそ、プラスのアプローチで、子ども達に安心感をもたせるよう心がけましょう。

「形成期」を経て、やがて「混乱期」を迎えます。目標に対する意識の相違や対立などが生まれやすいのがこの時

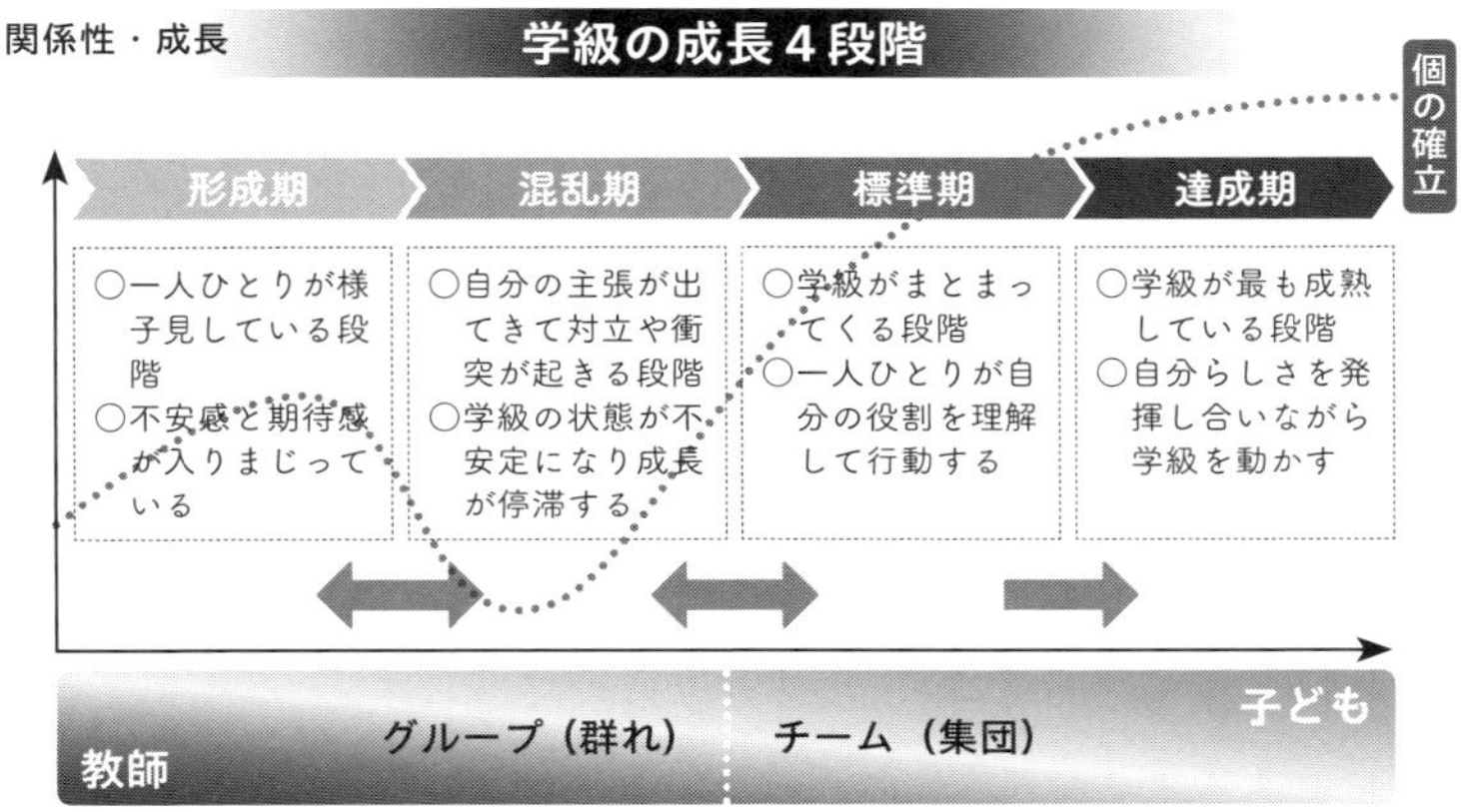

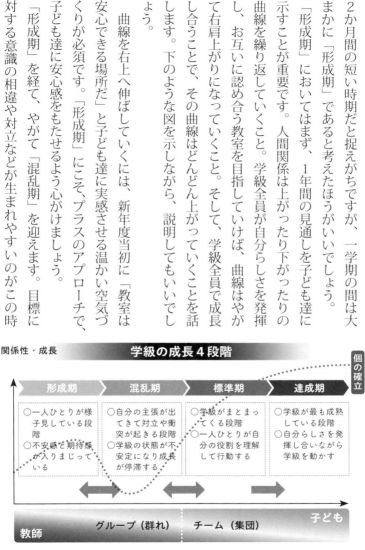

期です。人間関係がまだ不十分なのだから当たり前です。

「形成期」に、教師が1年間の具体的な見通しを示さないまま子ども達に学級生活を送らせると、人間関係が表面的なまま「混乱期」に突入します。「混乱期」をいかに乗り越えるかは、学級経営の重要なポイントです。

チームの土台となる人間関係は、「混乱期」に本音を出し合い、お互いに信頼し合うことで共通理解が生まれ、つくられていくからです。

この時期を意識せず（できず）、あやふやな人間関係のままで過ごしていくと、「標準期」以降の上昇が望めないばかりか、そのまま下降し、学級が荒れていきます。

すべての教科の基盤となる、温かい教室の〝空気づくり〟は一朝一夕にできるものではありませんし、教師一人でつくるものでもありません。教師と子どもが一緒につくっていくものであることを念頭に置きながら、少しずつ教室の〝温度〟を上げていきましょう。

教師のパフォーマンス力が、教室の空気をつくる

〝「楽しい」の3段活用〟を意識して

私が行う授業の多くは、子ども達と初めて出会う授業です。毎回が〝学級開き〟です（笑）。「どんな先生なんだろう？」「真面目に受けなければ」と最初は緊張している子がほとんどです。「子ども達と一緒に授業をつくっていきたい」と私が思うように、子ども達にもそう感じてもらえなければ、コミュニケーション豊かな授業は成立しません。そのためにどんな言葉かけやアクションが必要かを常に考えています。

私は吉本新喜劇が大好きで、今でも大阪を訪れたときには、せっせと劇場に通っています（笑）。お笑いそのものはもちろん、その場の空気感がとても心地いいからです。

吉本新喜劇の空気感は、授業づくりの視点からも、とても役立っています。若手芸人から中堅、ベテランが漫才や落語で劇場の空気をどんどん盛り上げ、最後にしっちゃかめっちゃかの新喜劇

で観客の笑いを爆発させる構成は見事だなあ、といつも感心させられます。演者のキャラクターや芸と、観客の反応が吉本新喜劇の笑いをつくっています。だから、毎回違った舞台になるのです。

授業も同じではないでしょうか。最初は演者である教師が中心となって教室の空気を温め、観客である子ども達を引っ張り込み、一緒に演者となって授業をつくっていくのです。教師のキャラクターによって、授業の空気感は大きく変わります。

子ども達に、授業前に「楽しそう!」と期待を持たせ、授業中は「楽しい!」と夢中にさせ、「楽しかった!」と満足させて授業を終わる、〝「楽しい」の3段活用〟を意識しながら、授業に臨みたいと思っています。

自分らしさを活かしたパフォーマンスを

そのために欠かせないのが、教師のパフォーマンス力です。

教師のパフォーマンス力というと、かぶり物や仮装など大きな仕掛けや、大げさな身振り手振りを連想する人も少なくないと思いますが、そんな大げさなものではありません。教師の自分らしさを活かした子どもへのアプローチ、それがパフォーマンス力です。その根底には、「子どもとともに授業をつくる」という思いが大切です。

特に重要なのが、授業の冒頭部分の言葉かけやアクションです。教師が一方的に指導するのではなく双方向で学び合うことを、子ども達に感じてもらうためです。

そういう場面での言葉かけは、教師の感動からくる「自己表現的言葉」が中心になります。そして、「いいねえ」「なるほどねえ」とほめながら、「先生はこう思うけれど、みんなはどう?」と子ども達に投げかける会話体になります。短文でキャッチボールをしながら、お互いの距離を縮めていくのです。

私は初めての教室に入ると、まず誰か一人の子に話しかけます。全体に話すのではなく、意図的にAさんやB君に話しかけるのです。

「今、あなたは最高の笑顔で拍手をしてくれたよね。ありがとう!」と、その子のそばまで近づいて視線の高さを合わせ、少し砕けた話し方でみんなに聞こえるように話しかけます。視線が集まったところで、「先生は命より拍手が大切だと思っているんです。もう1回、みんなで拍手をしましょう」と全員に話しかけると、教室中が大きな拍手に包まれます。

このようなパフォーマンスには、次のような効果があります。

- ユーモアたっぷりの楽しい雰囲気を生み出す

- 集中して聞く雰囲気を生み出す
- 全員が聞くようになり、一体感を生み出す
- 学びを〈教師 対 子ども達〉から、〈教師と子ども 対 子ども達〉にして、立体感を出す
- 子ども達に、自分の聞き方の自由度を保障する

一方的に教師が指導する「授業内容伝達言葉」に対して、「自己表現的言葉」は、教師の主観や個性、その先生らしさがそのまま形になります。教師が自己開示することで初めて、子ども達も自己開示することができるのです。

このとき大切なのは、本心から「なるほど」「いいね」という言葉を発していることです。

講演やセミナーの際、質問を受け、参加者同士で話し合ってもらう場を設けますが、最初から積極的にかかわり合える参加者はそう多くありません。

大人でさえ難しいことなのに、子どもには平然と、最初から積極的な挙手や話し合いを求めているのではないでしょうか。

考えがまとまらないうちにいきなり指名され、しどろもどろになりながらも発表したことを、教師が「もっとしっかり発表しなさい」とマイナスに捉えるのか、「短い時間の中でよく考えたね」とプラスに捉えるのか——教師の授業観が「自己表現的言葉」に表れるのです。

パフォーマンス力を発揮する10の具体的なアプローチ

教師のパフォーマンス力とは、自分らしさを活かした子ども達へのアプローチです。その根底には、「子どもとともに授業をつくる」という思いがなければなりません。

そのように考えると、教師のもつ雰囲気や仕草、動作、構えなど非言語的な要素も含めたアプローチすべてが教師のパフォーマンス力であり、教育方法や教育技術の土台になっていると考えられます。以下に、私が授業でパフォーマンスを行う際に意識している10の具体的なアプローチを示しましょう。

1　教師の動き～歩き方

①小走りで教室後方から戻る
②指名した後、スキップで黒板前に戻ったり、指名した子どもからわざと離れたりする
③教壇からジャンプして降りる
④両手を開いて、一人の子に視線を集める動きをする
⑤子どもの発言に大きく相づちを打ちながら、全体に視線を送れる位置に動く
⑥板書後、くるりと子ども達全員のほうへ振り向く

2　教師の動き〜スキンシップ

①握手を求める
②望ましい挙手を促す
③迷っている子、発言させたい子に挙手を促す
④前に出て発言した子の両肩に手を置き、称賛する
⑤スキンシップしながら、望ましい動きを示す（ハイタッチ、頭を近づけた話し合い等）
⑥「気になる子」「困っている子」に軽くタッチして安心感を与える

3　教師の動き〜指先、手

①指先だけで指示をする
②手のひらを上に向けて差し出し、指名する
③「みんな」「全員」を両手で示す
④「すばらしい」を指で示す
⑤5分の1黒板等に書いたことを指し示す
⑥両手を広げるポーズで、発言への安心感を示す
⑦教師への関心や集中を促すために、あえて動きや言葉かけを止める

4　教師のリアクション

①発言している子どもの一番のファンになる
②「へえっ」「なるほどねえ」など、リアクションの基本を「驚き」にする
③リアクションはおもしろがることを大事にする
④美点凝視で、よかった点を言葉でも示す
⑤よいリアクションをしている子も取り上げてほめる
⑥言葉かけと価値づけをセットにする

5　全体の見方

①表情の変化
②着手スピード
③自己開示のレベル（書く作業、反応するときの表情や態度等）
④その授業のキーパーソンを決める
⑤緊張と弛緩のバランスを考える
⑥「一人が美しい」行動を取り上げる
⑦「一人をつくらない」を意識させる

6　個に対する言葉かけ

①困っている子に「困ってない？」

②早とちりの子に「スピード違反」
③一度失敗した子に「心が強い」
④おとなしい子に「聞き方が誠実」
⑤意欲的な子どもに「君みたいな……」
⑥「気になる子」には、「きっと1秒後に全員から拍手が送られるでしょう」など、未来予測の言葉をかける

7　個と個、個と全体をつなぐ

①よい態度をほめた後、真似したり修正したりした子どももほめる
②発言に困った子がいたら「助けられる人はいますか?」と尋ね、挙手した子どもをほめる
③友達の意見を笑顔で聞いている子どもをほめる
④話し合いのとき、自由に立ち歩いて声をかけ合っている子をほめる
⑤ペアの対話や活動時の非言語の部分を取り上げてほめる
⑥1時間の授業における変容、成長した子どもを取り上げ紹介する

8　学級の盛り上げ

①称賛の拍手をリードする
②リアクションを促す

③ガッツポーズ、ハイタッチを促す
④「学級」「〇年〇組」「みんな」を主語にしながらほめる
⑤3S（すごい、すばらしい、さすが）でほめ、その理由を話す
⑥細かな動きを小刻みに入れ、スピード感を出す

9 子どもの非言語への着目

①持ち物・流行に目を向ける
②子どものファッションを観察する
③芸能界情報を得ておく
④子どもの会話内容を聞き逃さない
⑤子ども同士の友達関係づくりを観察する
⑥子どもが書いていることに目を留める

10 安心して楽しく学べるしかけ

①誰もが答えられる簡単な問いを出す
②伏せ字で解答を示して当てさせる
③短い時間でユーモアを含んだ言葉を入れて相談させる
④多様な答えが出る問いを出す

⑤特定の子のための問いを出す

⑥「誤答」の価値づけをする

子どもの行為をプラスに捉え、その場で拍手や握手をする、価値語とつなげて話すなど、価値づけてほめ続けます。そうしたパフォーマンスを繰り返すことで、子ども達の中に価値ある行為が根付いていきます。子ども達の動きがダイナミックになり、学級が温かくプラスの空気になっていくのです。

「うんうん、よく気づいたなあ」。自信がなさそうな子をほめて元気づける。

指名するときは、声だけでなく体も使って。

子どもの呼吸に合わせるペーシングで、一人ひとりとつながる

教えているのは未来の大人だ、という意識を

月末や行事などの節目に、学級内で気になる様子が見られたときには、初日に描いた子ども達の〝1年後の姿〟を再度思い浮かべましょう。子ども達の1年後の姿とは、教室という小さな枠を飛び出し、外へと向かっていくダイナミックな学びを楽しむ姿です。

そういう子ども達を育てるために一番大切なことは何か。

「子どもを育てる」のではなく、「人を育てる」視点をもつことだと私は考えています。

担当した学年で学ぶべき知識や身につけるべき技能を教えることは、担任にとってもちろん大切なことです。

しかし、それは〝受けもった○年生（子ども）を育てること〟に留まっているに過ぎません。

本当に大切なのは、知識や技能の先にある、公（おおやけ）社会に必要な「人」を育てる意識を

もつことです。

公ではよりよい社会を実現するため、様々な人と協力し合うことが求められます。自分らしさを発揮し、協力しながら望ましい社会を築き上げていくこと――。「大人になる」とは、それができる人になるということです。私達教師は、子どもの未来を見すえた意識をもつことが何より大切なのです。

目の前にいるのは、○年生の子どもであり、未来の大人です。その視点を常に忘れずに向き合えば、子ども達へのかかわり方も自ずと見えてくるのではないでしょうか。

呼吸を合わせるのは、子どもではなく教師自身

温かい教室をつくるためには、子どもと教師が呼応する関係づくりが必要不可欠です。呼応する関係とは、子どもと教師、さらには子ども同士の呼吸が合っているつながりです。しかし、子どもと呼吸を合わせることは、とても困難です。なぜなら、子どもの目線に立つという視点を教師がもてないからです。

大切なのは、呼吸合わせにおいて、子どもを教師に従わせるのではなく、教師が子どもに合わせる「ペーシング」の姿勢で臨むことです。

ペーシングとは、話し方や声の大きさ、速度、表情など、相手の言語や非言語に対して、自分のペースを合わせることです。相手に安心感や親近感を与えるコミュニケーションスキルの1つです。

「高学年らしく、この学級ではみんな1つにまとまりましょう」などと教師が一方的に熱く語っても、呼吸が合っていない段階では、みんなの心はばらばらのまま。子ども達の心に響くどころか、かえって反発されることになりかねません。

教師の呼吸に合わせるよう、子どもに強要することは、教師の傲慢です。

自分の指導に子ども達を従わせる教師主導の授業観と同じです。全員を一緒くたにまとめて、一人ひとりの子どもをないがしろにしているのです。

〝○○スタンダード〟を基準に授業を行うことがすべてになると、1つの解き方で1つの正解を求める〝効率的な指導〟が当たり前になっていきます。

そこから少しでもはみ出た考え方や行動をすると、〝問題がある子〟と見なされ、教師からたしなめられたり無視されたりするようになります。

そういう教師のかかわり方を見ている周りの子ども達は、「4月には、先生は『一人ひとりを大切にする』って言ったのに、勉強が始まったら、先生の言うとおりにしないと怒られる。言ってることとやってることが違うなあ」と不満をもちつつも、「自分は先生に怒られないようにきちんとしなきゃ」「先生の言うことを聞かないあの子が悪い」と萎縮していきます。

このようなマイナスの空気が漂う教室では、ユニークな発想や新たな視点といった個性は消えていく一方です。

それぞれの子どもがいろいろな考え方や表現の仕方があることを知り、自分らしさを発揮したいと思えることが、教室で学ぶ醍醐味です。

それを潰してしまっていることに気づかない教師も少なくありません。

子どもの呼吸に合わせるうえで大切なのは、一人ひとりの子どもを観察し、ここぞという場面でみんなの前に引っ張り出してあげることです。

中には「ぼくが、ぼくが」と目立ちたがる子もいるでしょう。普段の授業の中では手を挙げられなくても、「正解を求めない楽しい問いかけならば答えられる」と張り切っているのです。

このような子どもに対して、「この子はこういうときだけ出しゃばってうるさくする」と邪魔者扱いしてはいませんか？ そういうときこそ、子どもと呼吸を合わせてみましょう。

「いつもは手を挙げられないけれど、今日は張り切って参加している。積極的な学びの姿勢は、みんなにも共有させたいな」と捉えられませんか？

もちろん、張り切っているからと、その子ばかりを指名する必要はありません。「私も発表したいな」と同じ気持ちでいる他の子にも発表の機会を等しく与えることが必要だからです。このように、健全にバランスよく指名する指導を繰り返すことで、子ども達は自然に順番と平等を学んでいくのです。

子どもと呼吸を合わせることは、けっして子どもに迎合することではありません。

ときには大きく取り上げ、ときにはスルーしながら、学級全員を活かすようにしましょう。

そのときどきの指導に応じて、一人ひとりの子どもを軸にしながら周りの子どもを巻き込み、みんなで学び合う楽しさを少しずつ感じられる空気にしていくことが大切です。

子ども達と呼吸を合わせ、呼応しながら誰を指名するかを決める。

〝注目〟している子が発言するときは、近くまで行き、みんなの視線を集める。

子ども の〝つぶやき〟と〝雑音〟への対応

〝つぶやき〟と〝雑音〟は似て非なるもの

授業中、子ども達が〝何気ない一言〟を発する場面が多くあります。

〝何気ない発言〟とは、教師や他の子どもの発言へのリアクションで、次の２つのタイプがあります。

①つぶやき……他の子の発表を聞いて思わず出てしまった一言や、教師の発言に対しての感嘆の一言。
例「なるほどなあ」「よっしゃあ!!」「(答えに自信がなく、小声で)○○かなあ……」
②雑音……他の子を嘲笑したり、教師を挑発したりする一言。
例　他の子の誤答に対する冷笑やあからさまな誤答。「わかりませーん」「聞こえませーん」

「(他の子の意見と)同じでーす」、独り言で「面倒くせー」「ばかじゃね」。

最近、先生方から、「授業中の子どもの〝何気ない発言〟をどう捉えればいいか悩んでいる」という相談がよく寄せられるようになりました。研修会で「学級の困りごと」についてグループトークをしても、必ず挙がってくる問題です。

同じ〝何気ない一言〟でも、①と②は似て非なるものです。ところが、目先の指導にとらわれ、この2つを同じ土俵に上げてしまう教師が少なくないのです。

そうした先生方は、①であれ②であれすべての子どもの発言を拾い「どうしてそう考えたの？」「○○さんはそう思ったんだね」「みんなに聞こえるようにもう1回話してみて」などと返している場合が多いようです。

たとえそれが、「聞こえませーん」という〝雑音〟だと気になっても、「教師がうまく取り上げれば、授業は滞りなく進んでいく。子どもの声を拾うのは教師の腕次第」という思い込みで教育技術を磨くことに力を入れてきたのでしょう。

子どもの声を拾うことは一見、一人ひとりを大切にしているように見えますが、拾った一言が〝雑音〟だった場合、深い学びにつながることはありません。それどころか、「何か言えば、先生がかまってくれる」と勘違いし、〝雑音〟がどんどんエスカレートしていくばかりです。

〝雑音〟が学級崩壊につながっていく

子どもの他愛ない〝雑音〟は、ときに深刻な学級崩壊へとつながります。学級崩壊には次の4つのタイプがあると私は考えています。

①担任に反発し、言葉や力による暴力が起きている学級。いわゆる〝荒れた学級〟がこれに当たる。

②担任を嫌って、無視したり無関心だったりする学級。学級の人間関係が冷えきった〝静かな崩壊〟。

③担任を嫌ってはいないが、学級に締まりがなく、集団としてまとまっていない学級。若い教師にありがちで、子どもの勢いに押され、集団としての規律が守られていない。

④担任も子どもも明るいが、お互いに空気を読み、馴れ合って群れている学級。一見、落ち着いた学級に見えるが、人間関係が表面的で個が確立されていない、いわば〝明るい崩壊〟。

①や②の崩壊は形となって表れているため教師も自覚しやすいのですが、③や④はわかりにくいものがあります。教師は漠然とした不安をもっているか、あるいは荒れていることに気づいていない場合もあります。

先に述べた〝雑音〟は、③や④の〝見えない崩壊〟が原因で始まります。

最近は①のような、見るからに乱暴な反抗は目立たなくなりました。その代わりに、子ども達は〝雑音〟を出すことによって小さな抵抗をしているのです。

〝雑音〟にいちいち耳を傾け、安易な言葉かけで子ども達を増長させればさせるほど、〝雑音〟はエスカレートしていきます。

これらの軽い言葉はだんだんと攻撃的になり、やがて②の静かな崩壊、①の荒れた学級へとつながっていくのです。

そもそも子ども達はなぜ〝雑音〟を出すのでしょう。「もっとわかるように勉強を教えて」という気持ちの裏返しではないでしょうか。

それに対して、「うるさい」と一方的に封じ込めたり、表面的に「そう思ったんだね」と返すだけで何の手立ても講じなかったりする教師に対して、子どもはますます心を閉ざしてしまいます。

子どもの〝つぶやき〟を活かしつつ、〝雑音〟にとらわれないようにする。

教師の力量と覚悟が試されているのです。

〝つぶやき〟は価値づけてほめる

子どもの〝つぶやき〟と〝雑音〟に、教師はどのように対応していけばいいのでしょうか。具体例を挙げながらお話ししたいと思います。

〝つぶやき〟は、子どもの素が出た場面です。

友達や教師の発言を聞き、「すっげー」「やったあ」「ヒュー」など、感情が高ぶってつい声が出てしまったら、「静かにしなさい」と押さえつけるのではなく、

「今の『すっげー』は友達の意見を聞いていたからこそ出た声だよね。えらいぞ！」

「君のノリ、いいねえ。みんなも○○君ぐらいノってくれたらうれしいなあ」

と価値づけをしてほめましょう。このようなつぶやきは、学び合う教室の空気を温める起爆剤になるのです。

また、「もしかしたら△△かなあ？」「そう考えればいいのか」など、考えている最中や自信がなかったときにふともらした一言は、とても価値がある〝つぶやき〟です。

「今、○○さんがいいことをつぶやきましたね。聞いていた人いますか？」

「友達の意見をヒントにできるのはすごいことです」

と価値づけます。

このような〝つぶやき〟が学級全体に広がるのはとても好ましいことです。

〝雑音〟はプラスの方向にもって行く

一方、相手を貶めたり自分のことしか考えない身勝手な〝雑音〟に引っ張られると、学級がマイナスの空気に流されてしまいます。

こうした〝雑音〟は、ただ押さえつけるのではなく、次のようにプラスの方向にもっていく対応をすることが大切です。

①「同じでーす」

発表するのが面倒くさいからと、すぐに「同じです」で逃げようとする子に対しては、「似ている意見でも、一字一句まったく同じということはありません。少しでもいいから、違う言葉で発表してみよう」と話しかけます。

また、こうした発言が出る前に先制攻撃。一人の子に小声で、「これから何人かに発表してもらうけれど、似たような意見だからといって『同じです』と逃げるような人は、このクラスにはいないよね？」と挑発し、「同じです」と答えられない雰囲気にします。

②（他の子の発言に対し）「聞こえませーん」

こうした発言は毅然としてやめさせる必要があります。「音を消しましょう」と静かな声で伝え、教室全体がシーンとなるまで待ちます。

静かになったところでゆっくりと、「○○さん、聞こえなかった人のために、もう1回発表してくれますか？」と話します。「人の発表を聞かないのはよくないこと」を自覚させるのです。

③（他の子の発言に対し）「いいでーす」

安易に同意されたり、周囲の子が何のリアクションもなく静まりかえったりしていると、発表している子が苦痛を感じてしまいます。

だからといって他の子たちに「拍手は？」と強制するのではなく、教師が率先して大きな拍手を送るようにします。「先生が一番の応援者」であることを示します。

〝雑音〟はつまらない授業へのイエローカード

そもそも、子ども達はなぜ〝雑音〟を出すのでしょうか。

先ほど、「もっとわかるように勉強を教えて」という気持ちの裏返しではないかと述べました。

教科書をなぞるだけの授業や「○○スタンダード」のようなワンパターンの授業、正解を求めるだけの授業……目先の進度にとらわれた授業ばかり続けば、おもしろいわけがありません。

子ども達の〝雑音〟は、〝つまらない授業〟、〝つまらない教師〟への不満の表れです。

本来、授業が充実していれば〝雑音〟が出ることはありません。自分でじっくり考えたり、自由に立ち歩いて友達と意見交換したり、ときにはグループになって意見を戦わせたり……。頭をフル回転させる授業に、〝雑音〟が出る幕はないのです。

教師が一方的に「静かにしなさい！」「ちゃんと発表しなさい！」と注意する一方で、場当たり的に「子ども達をほめることが大切」だと思い出し、「拍手は？」と拍手を強制する。子ども達はその不自然さを敏感に感じ取っています。

教師がどんな学びをつくりたいのか、どんな授業をつくりたいのかというビジョンがないまま、自転車操業で進めていく授業がおもしろいわけがありません。

子ども達の〝雑音〟は、ゴールイメージをもたない教師のつまらない授業に対して掲げられたイエローカードなのです。

学級の「混乱期」をどう乗り越えるか

表面的な関係から、本音のかかわり合いに

「11月は学級が荒れやすい」という声をよく聞きます。二学期に入った途端、行事が目白押し。通常の授業に加え、行事（とその練習）が入り、子ども達も教師も時間に追われ、いっぱいいっぱいの毎日が続きます。お互いに溜まったストレスが「学級の荒れ」という形で出てくるのではないか、と考えている先生方は多いようです。

私は、この時期に学級が「混乱期」に入ることも大きな要因ではないか、と考えています。心理学者のタックマンが、チームビルディング形成について提唱した「タックマンモデル」を、私なりに学級の成長段階に当てはめた図を紹介しました（45ページ参照）。新しい学級で出会った子ども達がお互いを知る「形成期」を経て、ぶつかり合う「混乱期」に入っていきます。「混乱期」には、子ども達の本音が表れ、これまでの表面的なかかわり合いが変化する時期です。目

標に対する意識の相違や対立などが生まれやすいのが「混乱期」の特徴です。

個人対個人、ときには個人対多数の衝突が起こります。この中には、もちろん教師も含まれます。

「新しい学級になって半年も経ったのだから、人間関係ができていて当たり前」という先入観と根拠のない自信は捨てましょう。これまでうまくいっているように感じたのは、子ども達同士の信頼感が浅く、ぶつかり合うほどの関係性が築けていなかったからに過ぎません。

教師はまず、「今までの表面的な関係から、いよいよ本当の信頼関係を築く時期に入ったのだな」と肯定的に受け止める姿勢が大切です。

そして、下降線を描く学級を、自分の力でどうにかしようと、教師主導で無理矢理引き上げるのではなく、子ども達自らが上昇する流れをつくることが大切です。

〝本当の学力〟を育てるのは対話力

「混乱期」をどう乗り越えるか。

私は、「対話力」こそが必須であると考えています。

子ども達がぶつかり合ったとき、教師は「よい・悪い」「正しい・間違っている」と裁くのではなく、子ども達に話し合いを通して合意形成を図る力をつける指導をすべきです。「ぶつかり合うのは悪いことではなく、ただ意見が違うだけのこと。どのように次に行くか見つけることが大切」と子ども達に考えさせることが必要です。

そのためには、まず教師自身が「成長させたい学級のゴールイメージ」を強く明確に抱くこと。子ども達につけたい力は、教科書一辺倒の〝学力〟ではありません。

一人でじっくりと考え、友達と意見を交わし、いろいろな考えを認めながら、どうすればいいか自分で答えを見つけ出す。学校で学んだことをその場限りで終わらせるのではなく、自ら考え続けていく。そういうことを学ぶのが、〝本当の学力〟なのです。

教室の〝当たり前〟を見直す

そのためにはどんな場面でどんな指導をすればいいのか、教師自身が常に考え続けていかなければいけません。

例えば、発表の場面を見てみましょう。

多くの教室では、教師の発問に対して、わかった子どもが挙手し、教師に指名されてから発表します。

しかし、活発な話し合いを行うためには、このような挙手・指名から脱却し、指名なしの自由発表が不可欠です。最近は私の話を聞き、自由発表に取り組む先生方も増えました。とてもうれしいことですが、様子を見ると、「指名なしの自由発表ができる」ことが最終的な目標になっているように感じられることがあります。指名なしの自由発表は、あくまでも活発な話し合いを成立させるための手段であり、目標ではありません。

休み時間の場面で、子ども達は挙手・指名でしゃべっているでしょうか？ 班ごとに考えを出し合う場面で、子ども達は挙手・指名で話し合っているでしょうか？ 子ども達は自然に、自由に話しているはずです。つまり、挙手・指名は、〝学校の授業〟という限られた場面で行われている特異な活動に過ぎません。

自由に発表をすることは当たり前であって、目指すべき目標ではないのです。

このように、教室で〝当たり前〟に行われている指導を見つめ直すことから始めることが必須です。

対話力を育てる2つのキーポイント

「混乱期」を乗り越えるためには、〝本当の学力〟に必要な「対話力」を育てることが必須であることを述べました。
「対話力」を育てるためには、次の2つの指導がキーポイントになります。

- 聞く力
- 成功体験

聞く力については、私が提唱してきたコミュニケーションの2つの公式をもとに考えていくと、わかりやすいかと思います。

①コミュニケーション力＝（内容＋声＋表情・態度）×相手軸
②対話力＝聞くこと×話すこと

①の「相手軸」とは、相手を思う気持ち、相手の気持ちを読もうとする気持ちです。
どんなにすばらしい内容であっても、どんなに引きつける話し方（技術）であっても、相手軸に立っていなければ、相手の心に届きません。

相手軸とは、相手を受け入れる〝受容〟なのです。そうした気持ちを示す上では、言葉として表れない非言語の要素が大きな役割を担っています。

②は、対話をするとき、話すことと聞くことが最大数になるかけ算の組み合わせを示しています。

AとBの二人のうち、Aが一方的に話しているだけの対話なら、A↓10×B↓0で答えは0、Bも少しは話していたならA↓9×B↓1で9。

反対に、Bが一方的に話しているならA↓0×B↓10で、答えは0です。

この式の答えが最大値になるのは、AとBが話している比率が5対5のとき。

つまり、お互いが同じくらいの割合で話す・聞くことにより最大値になるということです。

国語の授業で話し合いをする際、多くの場合「話す」ことの指導に重点が置かれ、そのほとんどが発表内容など言語活動の指導にあてられています。そこに、「相手の話をきちんと聞く」が加わりますが、「きちんと」の中身は、「静かに」「相手の目を見る」程度のものです。

「話す力」に比べて、「聞く力」は目に見えにくいため、指導も曖昧になりやすいのです。

「聞く力」の指導、9つの視点

私は、「聞く力」を授業の中で次の表のように指導していきたいと考えています。

1　**上機嫌な聞き方をしよう**
- 笑顔
- うなずき
- 相づち
- 前かがみ
- のけぞり
- 手を打つ

2　**リアクションしよう**
- 拍手
- 「笑顔」にプラスして、
- 感嘆詞
- 立ち上がる
- 合いの手

3　**学び合うための学習規律を身につけよう**
- やる気の姿勢
- 切り替えスピード
- 正対する
- 音を消す

4　**グランドルールをつくろう**
- 何を言ってもいい
- 否定的な態度で聞かない
- 話せなくても聞こう
- 知識よりも経験を話そう
- 問いかけ合おう
- わからなくなってもいい
- 意見が変わってもいい

5　**聞き比べることを意識しよう**
- ○○さんの意見は？
- 違う意見の人は？
- 共通していた言葉は？

6　**聞いて、「あっ！」と反応しよう**
- あっ！　思い出した！
- あっ！　思いついた！
- あっ！　なぜ？

7　**フォローし合う聞き方をしよう**
- ○○さんが言いたいことは？
- ○○さんが悩んでいることは？
- ○○さんが言ったことをペアで確認しよう

8　**「聴く」と「聞く」の両方しよう**
- 内容だけではなく気持ちを聞こう
- 声や表情や仕草から伝わったことは？
- 不可聴と聞く、不可視と見る

9　**自己内対話をしよう**
- 他者と対象内容と自分と、３つの対話をしよう
- 自分の中での白熱対話も大切にしよう
- 考え続ける自分を育てよう

これら９つの指導は、74ページの２つの公式が根底にあってこそ成立します。自分の意見と反する意見を含め、いろいろな意見を出し合いながら、答えを見つけ出していく正・反・合の話し合いに、「聞く力」は必須なのです。

小さな成功体験を積み重ねる

混乱期を経て学級が１つにまとまり、一人ひとりが自分らしさを発揮できる標準期に向かうためには、成功体験が欠かせません。

気が合う仲間、座席順の班、給食や掃除当番など、学級にはいくつもグループがあります。一人の子が複数のグループに属しているわけです。こうしたグループ（群れ）をチーム（集団）に育てていくことが必要です。

そのために欠かせないのが、成功体験です。

例えば、係活動の場面では、自分が書いた学級新聞をみんなが読んでくれた、集会を開催したらみんなが喜んでくれた、といった体験です。

授業の場面では、みんなの前で発表したら大きな拍手をしてくれた、友達と意見交換をしたら、「それ、すごくいいね。私もその意見に変えようかな」と言ってくれた、等の体験です。

学級活動の場面では、黒板を拭いていたら手伝ってくれた、「ほめ言葉のシャワー」で自分のいいところを見つけてくれた、などなど……。

教室には、小さな成功体験がたくさんあります。教師はそういう小さな成功を見逃さずにほめましょう。一度ほめたから、「もうこの子は大丈夫」ということはありません。いろいろな場面でいいところを見つけて、さらにほめ続けることが大切です。

こうした成功体験が積み重なることで、子ども達は自分に自信をもち、周りの子にも目を向けるようになっていきます。子ども達同士で成功体験を認め合う中で、お互いを認め合うチーム(集団)に育っていくのです。

「聞く力」と「成功体験」を通して、子ども達の対話は深まり、関係性がつながっていきます。「自分はもちろん、みんなで成長していきたい」というベクトルに子ども達が向いたとき、混乱期の出口が見えてくるはずです。

「標準期」における成長は、子どもの主体性にかかっている

「標準期」の成長に必要な２大ポイント

本項では、「学級の成長４段階」の第３段階「標準期」についてお話しします。

「混乱期」を乗り越えた学級は、「標準期」を迎え、子ども達が自ら考えて動くようになり、学級の成長曲線がようやく上向きになっていきます。

「混乱期」を乗り越え、「標準期」を迎えるための大きなポイントは、次の２つだと私は考えています。

①教室の掲示物
②子どもの自治的な活動

どちらも根っこにあるのは、〈子ども主体〉であることです。一人ひとりが自分の成長を意識し、さらには学級全員で成長していこうと自ら活動するよう、教師は意識しなければなりません。

担任の学級経営が見える、教室の掲示物

全国の様々な教室を回っている中で、特に気になるのが掲示物です。多くの場合、掲示物がきれいに整えられ過ぎているのです。

- 担任が用意したフォーマットに書かれた係活動や自己紹介のポスター
- 正しい姿勢、声の出し方、学級目標など、1年中変わらない掲示物

教室の掲示物を見ると、担任のおおよその学級経営方針がつかめます。フォーマットを決めて、整然と掲示物を貼り出している教室では、子ども達の動きが硬くて遅い傾向にあります。

理路整然と正解を導き出し、間違ったり寄り道をしたりしてはいけない、という子ども達の緊張感が出ているのでしょう。

一方、バラエティに富んだ形や内容にあふれた掲示物を貼り出している教室では、子ども達が自由に発言をし、授業にもスピード感があります。

きちんとした掲示物のほうが落ち着いた教室に見えるかもしれませんが、教師主導の指導観がそのまま形になっているように感じるのです。

その最たるものが、係活動のポスターです。担任が書いたフォーマットに書き込み、それをパウチしているものもあります。

さらに内容を見ると、黒板消し係やカーテン係、プリント配り係……これらは係活動ではなく、あくまでも当番活動に過ぎません。

ある教室では、国語の読み物教材の全文を大きな模造紙に書き出し、教室の後ろに貼り出していました。登場人物の心情や物語の重要な箇所が赤線や二重線で引かれ、一見〝学習した感〟が感じられるのかもしれませんが、単なる掲示物になってしまっているものも少なくありません。

掲示物は、教室の学びの成果

「標準期」の教室の掲示物は、子ども達の主体性を伸ばすことを意識することが大切です。

例えば係活動ならば、「みんなでこの学級をよくするために、自分は何がしたいか・できるか」

を一人ひとりが考え、活動するべきです。内容はもちろん、メンバーも子ども達自身が考えていくのです。

内容も参加者も異なるのですから、当然、掲示物も異なるでしょう。メンバーで工夫を凝らし、個性が光るポスターを貼ることで、子ども達のモチベーションも上がるはずです。

また、子ども達の日常的な活動の姿を写真に収めて掲示するのもいいでしょう。

このとき大切なのが、〈価値づけ〉をすること。拡大コピーした写真を色画用紙に貼り、その下に「価値語」を添えるのです。

落ちている雑巾に気づいてさっと掛けている姿なら「一人が美しい」、わからないところを教え合っている姿なら「学び合い」など、担任が気づいたり願ったりしている行動や考え方を価値語にします。

単に写真を貼るだけではなく、そこに「価値語」を添えることで、子ども達は日常的に〝成長〟を意識するようになります。

行事や特別な活動だけでなく普段の姿を撮られ示されることは、子ども達にとってうれしいものです。撮影することで、担任も子どもの成長をより意識するようになり、小さな価値にも目を向けるようになります。

さらには、後方の黒板も活用しましょう。

四字熟語を学んだ後なら、一人ひとりが自分の好きな四字熟語を書いてもいいでしょう。

かつて受けもっていた学級では、私が「冬を連想する言葉」をお題にし、子ども達が思いつくまま、後方の黒板に書き込むようにしました。「みかん」や「雪」、「こたつ」等の言葉が並ぶ中に、「サッカー」と書いた子がいました。天皇杯の決勝戦が寒い季節に行われることから連想したという、サッカー好きなその子ならではの言葉に、私も感心させられました。

掲示物は、教室の学びの成果です。

子ども達と一緒に、成長を実感できる教室づくりをしていくことが大切です。

係活動は、自治的活動の最たるもの

次に、子どもの自治的な活動についてお話ししたいと思います。

教室で、日常的に子どもの自治的な活動を促すのは係活動です。

これまで、子どもの自治的な活動の最たるものが係活動であることは様々な場で述べてきました。なぜなら、係活動の本当の意味を理解していない教師が多いからです。

全国各地の学校を参観すると、どこの教室にも係活動の掲示物が貼られています。

ところが「黒板消し係」や「プリント配り係」など、「係活動」と「当番」を混同している学級が少なくないように感じます。

係活動は、学級のために役立つ仕事を自分で見つける活動のはずです。つまり、子ども自身が自ら動く、自治的な活動なのです。

当番のような係を割り当てられても、そこに子どもらしさは発揮されません。「当番」と混同しないよう、低学年なら、「お店やさん活動」、中学年は「○○会社」、高学年は「○○サークル」「○○同好会」等、呼び方を変えてもいいでしょう。

係活動の基本は、一人ひとりが考え、実行すること。ですから、起点は「一人」です。同じような活動をしたい子がいたならば集まって話し合い、1つの係にまとめればいいのです。

また、係としては一人でも、イベントなど人手がいるときは、他の子が〝ヘルプ〟や〝アルバイト〟で自由に手伝えばいいのです。

フラットな関係にすることで、子ども達はどんどん積極的に係活動にかかわるようになっていきます。

例えば、かつて担任した学級のA君は、1年間ずっと「生き物係」を担当しました。「生き物係」と言っても、最初は「トカゲ係」でした。彼はこだわりが強い子で、トカゲに執着していたことから、前年までは「変わった子」というレッテルが貼られていました。

生き物係になったA君は、「みんなにトカゲのことを知ってもらいたい」と、トカゲの特徴や飼い方について一生懸命紹介していました。みんなが少しずつトカゲに関心をもつようになると、「自分も学級に受け入れられた」という安心感をもち、トカゲだけではなく、他の生き物も紹介するようになりました。修学旅行の移動中には、レクリエーションで世界の怪魚クイズを出し、みんなに大ウケしたA君はとてもうれしそうでした。

学級集団の質を高める３つの経験を、係活動を通して積む

学級集団の質を高めていくためには、次の３つの経験が必要になります。

①誰かと何かを対話・議論する経験
②誰かに何かを提案する経験
③みんなを巻き込んで活動する経験

この３つの経験を積むことで、子ども達の自治的な活動の質は高まっていきます。係活動は、３つの経験を学ぶことができる大切な機会です。

とは言え、最初から子ども達にすべてを任せても、うまくいくわけがありません。教師が子ど

も達の様子を見ながら、要所要所でサポートしていくことが必要です。

ある女子グループは「ダンス係」を結成し、さっそく一学期にダンス大会を開催しました。

係主導でぐいぐい引っ張っていこうとしましたが、誰もがダンスが得意なわけではありません。鬼ごっこやドッジボールに比べ、〝ダンスの壁〟はなかなか高いのです。

元々ダンスを習っていた彼女達にとっては簡単な動きも、未経験の子達にとっては難しく、主催者と参加者の熱意の差が大きくなり過ぎ、内輪ウケの失敗に終わりました。

一度失敗すると、再度挑戦する意欲をもつまでには時間がかかります。だからといって必要以上に慰めることや、無理矢理奮い立たせようとすることは、反発を招くだけです。

一学期の終業式が終わり、学校近くのコンビニエンスストアで休憩(と言う名の一服です・笑)していたら、下校してきたダンス係の子達と目が合いました。そこで私がダンス大会の振り付けで踊ってみせると、彼女達も笑いながら、踊り返してくれました。

「先生は認めてくれていたんだ!」と感じてくれたのでしょう。俄然やる気を出したダンス係は、二学期に再びダンス大会を開催することにしました。

私が出した条件は、次の2つだけです。

・みんなが楽しめること

・決められた時間を守ること

ダンス係はいくつかのグループに分かれ、各グループが丁寧に振り付けを教えました。最初は恥ずかしがっていた子も少しずつ参加し、休み時間になると音楽に合わせて踊る姿が見られました。

ダンス係はその後、「達成期」を迎えた三学期にはさらに加速し、バージョンアップした「ダンスバトル大会」を開催しました。

「自分達が楽しむ」視点から、「みんなが楽しむ」視点に変わったことで、ダンス係はみんなを巻き込むことができたのです。

「形成期」「混乱期」と「標準期」「達成期」の大きな違いは、子ども達の人間関係がグループ（群れ）からチーム（集団）になり、教師の介入が少なくなっていくことです。

教師が何も考えず、一学期と同じようなかかわりを続けていたら、子ども達の自治的な活動は伸びません。

教師は、常に子ども達の成長を見ながら、どうかかわっていけばいいかを見極めなければならないのです。

1年間のゴールイメージを実現する「達成期」の指導

「達成期」を迎える上での最重要ポイントは「担任の意識」

「学級の成長4段階」、最終段階の「達成期」についてお話ししたいと思います。

子ども一人ひとりが自ら考えて動くようになり、学級の成長曲線が上向きになった「標準期」の成長曲線は、そのままでも上昇曲線を描いていきます。

しかし、それだけで満足せず、子ども達の成長をさらに大きく加速させる「達成期」へとステージアップするためには、どのような指導が必要なのでしょうか。

一番重要なポイントは、「担任の意識」。この一言につきます。

「形成期」「混乱期」と「標準期」「達成期」の大きな違いは、子ども達の人間関係がグループ（群れ）からチーム（集団）になり、教師の介入が少なくなっていくことです。

ここで言う「介入」には、教師が率先して子ども達を引っ張ることはもちろん、子どもが自ら

「伸びたい」と思っているとき、教師がその背中を押してあげる「啐啄《そったく》」のタイミングを見計らうことも含まれます。

「達成期」には後者、背中をそっと押す静的な介入こそが重要になるわけで、教師はそのタイミングを、常に心に留めていなければなりません。

しかもそのタイミングを教師と子どもの１対１の関係性の中で捉えるだけでなく、ときには全体のバランスの中で見極めていくことも必要です。

学級目標をどれだけ意識しているか

「達成期」は、４月当初から抱いていた1年間のゴールイメージを実現していく時期です。

そもそも、ゴールイメージをつくる上で大切なのは、次の２つの視点です。

①人格の形成（子ども一人ひとりの個の確立）
②民主主義的な集団の形成（学級集団の実現）

年度末を迎える2月、一学期にみんなで掲げた学級目標の達成を念頭に置いている担任はどれだけいるでしょうか？

学級の人間関係が深まってきた、男女の違いや仲のよさに関係なく、みんなで話し合えるようになってきた、子ども達が自ら動くようになってきた……。このような表面的な現象を見て満足し、「うちの学級は成長したなあ」と、そこで立ち止まってはいないでしょうか。

4月に、担任として自分が思い描いたゴールイメージに、子ども達を照らし合わせてみましょう。

子ども達は今、そのイメージにどれだけ近づいていますか？

「まだ足りない」と感じるのであれば、あなたの学級の子ども達はもっと成長できる、もっと伸びしろがあるということです。

学級の仲間とのかかわりによって、自分やみんながどのように成長したのか、4月に掲げた学級目標にどれだけ到達できたのか、学級全員が1年間学び合ってきた「○年○組」という学級についての振り返りを、教師は意識して行っていきます。

集団の学びの集大成とも言えるでしょう。

「最後の1秒まで成長するぞ！」と子ども達に意識させ、集団として高めていくための具体的な実践例をいくつか紹介しましょう。

実践例1 「私を色で例えたら」

「4月」と「現在」、そして残り1か月後の「学級最後の日」の〝自分〟を色に例え、ノートに書きます。なぜ自分がその色を選んだのか、理由も考えさせます。

各自がノートにまとめたら、黒板に自分の名前を書き、その下にまず、「①4月の色」を記します。全員が書き終えたら、理由を発表していきます。

続いて、「②今の色とその理由」を発表、さらに「③1か月後の色とその理由」を発表します。この活動を通して、子ども達は、約1年前と現在を比較して、自分の成長を実感することができます。残り1か月間、「もっと成長したい！」とさらなる意欲をもつきっかけにもなります。

実践例2 「○組を色で例えたら」

実践例1と同様に、今度は自分のクラスを色にたとえさせます。個人としての成長だけでなく、学級全体の成長を意識させることになります。

実践例3 未来作文

3月の修了式の日の自分にあてて手紙を書きます。一学期の自分、今の自分を振り返りつつ、最後はどんな自分になっていたいか、なるべき姿を意識させることができます。

実践例4 「残り1か月を○○のクラスにする！」

まず個々に考えさせ、それをもとにグループで話し合い、学級全体で発表し合います。最後の

1か月間、どんな学級にしていきたいのか、一人ひとりに意識させたいからです。

「最後の学期だから、〇〇の学級にしよう!」と担任のみが熱く語っても、子ども達一人ひとりの胸には響きません。「そんなこと言ったって、自分にはとうてい無理。達成できるはずがない」と投げ出してしまう子もいるでしょう。

教師の思いを伝えるだけでは、どうしても単線のつながりに陥りがちなのです。

大切なのは、どんな学級にしたいのか、子ども達自身に〝本気〟で考えさせることです。それこそが、子ども達に成長を自覚させることになります。

現状に満足せず、さらなる高みを目指そう

「菊池学級には迫力がある」

担任を受けもっていた頃の私の学級を参観された方々から、こんな感想を多くいただきました。私の授業は常に真剣勝負でした。子ども達が教師や学び合う仲間、そして自分自身等に対し、いつも真剣勝負で臨んでいたことが迫力につながっていたのではないかな、と感じています。

「達成期」には、1年間のゴールイメージが実現していきます。

「みんなで一緒に頑張ってきたね」と成長を振り返り、認め合う活動はもちろん大切です。しかし同時に、現状に満足することなく、さらなる高みを目指すという厳しさも、「達成期」には必要なのではないでしょうか。

そういう視点から、私が取り組んできた実践例を紹介したいと思います。

「試練の10番勝負」で成長を振り返る

学級の仲間とのかかわりによって、自分やみんながどのように成長したのか。

４月に掲げた学級目標にどれだけ到達できたのか。さらには今後自分が進む道はどうあるべきなのか。学級を振り返るということは、自分の内面をしっかりと見つめ直す作業であると考えています。

こうした思いから取り組み始めたのが、「試練の10番勝負」です。

毎日、私から1題ずつ出した課題について、子ども達が意見をまとめるもので、ときには、全員が黒板に一言ずつ書き始めることもあります。これを10日間、連続して行うのです。

「試練の10番勝負」とは、かつてプロレスラーのジャンボ鶴田選手が行った試合のことです。次期エースとして活躍が期待されていた鶴田選手をさらに飛躍させるため、世界の強豪選手10人と戦わせました。

学級おさめが見えてきた時期、子ども達に1年間頑張ってきたことを振り返らせ、自分自身と学級全体の成長をみんなで認め合うだけでなく、残りのわずかな時間を使ってさらに力を発揮してほしいと考えました。

今までの頑張りを認めつつ、もっと次に進むためには、〝試練〟が必要です。

それも、たった〝1試合〟ではなく、何度も試合を行うことが必要なのです。

試合の相手は、子ども達自身です。そして、教師にとっては自分の指導が評価される取組でもあります。

自分を信じ、相手を信じるからこそ成り立つ

それでは、具体的な取り組み方を説明しましょう。

〝試合の開催日〟は、修了式の前日に終了するように逆算して10日間を設定します。活動には、学活や総合、国語などの時間をあてるといいでしょう。

まず「自分、そして学級全員のさらなる成長のために行うことが目的」であることを説明します。そして次のような順序で進めていきます。

1 黒板に「試合のタイトル」を書き出す。
2 まず、各自がノートに意見を書く。箇条書きで3つ程度、5分間でまとめる。
3 ノートを持って来させ、まず教師が目を通す。黒板に自分の意見を記す。
4 自由起立で発表タイム。
5 他の意見に対しての質疑タイム。
6 ノートに感想をまとめ、発表。

取り上げるテーマは、次に挙げる視点から考えていきます。

①この学級はどんな学級だったのか
②小さな変化でも、それがその子の成長に大きくつながっていること
③個人の成長が、みんなの成長を象徴しているようなこと
④教師が力を入れてきた取組について(私の場合は、〝言葉〟に力を入れてきたので、言葉に関するものになります)
⑤言葉の力について

過去のある年、③について、「S君の成長から学ぶべきことは何か」というテーマを取り上げ

たことがありました。

S君の成長の事実を一人ひとりが黒板に書き込んだ後、S君に前に出てきてもらい、全員が自由発表しました。

> ・宿題をするようになりましたね
> ・係活動をサボらなくなりましたね
> …

一人ひとりの発表を聞きながら、S君はうれしそうにはにかんでいました。

ひと通り発表が済んだ後、私は、

「黒板のタイトルを変えたいのですが、どう変えればいいと思いますか?」とみんなに尋ねました。

すると、何人かが、「『S君』を『みんな』に変える」と即答しました。

S君の頑張りは、この学級一人ひとりの頑張りでもあり、これからも頑張っていかなければならないことだと、みんなはちゃんと気づいていました。

「試練の10番勝負」を行っている2週間、子ども達はじっくりと自分を見つめ直し、学級の仲間の成長をお互いに確かめ合うことができました。学級という空間で仲間とともに学び合ったからこそ、今の自分の成長があることを実感したはずです。試練を乗りきったとき、自信をもって次に進むことができるようになったのです。

子ども達の本音の意見は鋭く、ときには言われて泣き出してしまう子もいたほどです。しかし、それはその子を思ってこその意見であり、みんなが成長するために必要不可欠な意見であることを、一人ひとりが理解していました。

自分を信じ、相手を信じたからこそ成り立つ話し合いの姿は、まさに私が思い描いていたゴールイメージでした。

係活動の基本は「みんなが楽しめる」こと。休み時間の練習も自然にみんなが集まる。

さりげなく教え合う光景が日常的に見られる。

時間切れの「解散期」にしないために必要な振り返りを

時間切れで迎える「解散期」

もともと「タックマンモデル」は、チームビルディングにおけるステージを表したものですが、後にタックマンにより、もう1段階が追加されました。それは、「達成期」に続く第5段階、「解散期」です。

「解散期」は、チームとして目的を達成した後、解散のための手続きを行うとともに、表彰や打ち上げなどを行う時期です。ビジネスでは目的が達成した時点で解散しますが、学校の場合、「3月」という期限が決まっています。

つまり、「達成期」であろうが「標準期」であろうが、さらにいえば「形成期」だろうが、目的の達成度に関係なく、時間軸のみで解散になるのです。

これまで様々な学級を見てきましたが、「達成期」を経て「解散期」に至った学級はほとんどありませんでした。

ともすれば、「形成期」のまま1年が過ぎ、時間切れになった学級さえ少なくありません。

1年間の見通しを持たないままスタートし、一学期は教師の思い込みで空回りし、二学期に息切れ、三学期は3月の終了を待つだけの〝消化試合〟。こんな教室では、子ども達は楽しいはずがありません。

教室から飛び出す〝ダイナミック〟な学びに

ビジネスにおける「解散期」には、メンバー同士で労をねぎらうとともに、チームとして活動して得たことをまとめ、その成果を出し続ける上で必要な引き継ぎ事項を考えていきます。

学級も同様です。まずはみんなで学んできたことを認め合い、喜び合う。

その活動の1つが先ほど紹介した「試練の10番勝負」です。

最後まで真剣勝負で意見を出し合うことで、子ども達は本気で話し合うことの楽しさを実感していきます。

この時期にはさらに、学級での学びをどう振り返り、その成果をどう今後に活かしていくかも重要です。年度末には、教師、子どもの２つの視点から振り返りましょう。

教師は、自らの指導と子どもへのかかわりについて振り返ります。1年間自分が経営してきた学級が、子ども達にとってはどうだったのか、について振り返ることが大切です。

例えば、「試練の10番勝負」のテーマとして、教師自身が力を入れてきた取組について取り上げます。

「成長ノートは私の何をどう育てたのか?」「なぜ、○年○組は話し合いが成立するのか?」「言葉(価値語)を得て自分はどう変わったのか?」「『ほめ言葉のシャワー』は、なぜ○年○組を変えたのか?」など、私の場合は、〝言葉〟に力を入れてきたので、言葉に関する問いになりました。

この問いは、子ども自身への問いかけであると同時に、教師に対する評価でもあります。〝教師の通知表〟と言ってもいいでしょう。教師にとっても、試練です。

次に、子どもの視点から見て、学びが教室の中で完結する〝閉ざされた学び〟になっていないかどうかを振り返ります。

多くの教室を回っていると、学習活動が〝社会化〟していないな、と感じています。学びが、教室の中だけに終始しているのです。

①誰かと何かを議論する
②自分から提案する

③みんなを巻き込む

このような学びを経験することで、子ども達の学びはどんどんダイナミックになっていきます。学びは教室という小さな枠には収まりきらず、外へと向かっていきます。

- 児童会での活動
- ＰＴＡや地域とのつながり
- 学校全体を巻き込んだ活動

こうした学びの成立が〝社会化〟であり、本来、子どもが身につけるべき〝学力〟なのです。

以前、私が受けもっていた６年生の学級でのエピソードです。

卒業近くの３月、家庭科で「感謝の気持ちを伝えよう」という学習をしている子ども達から、「お世話になった大人にも『ほめ言葉のシャワー』をしよう」という意見が出ました。

校長先生や教頭先生、養護教諭、専科の先生、ＡＬＴ達（外国語指導助手）、学校用務員、さらにはＰＴＡ会長、読み聞かせに訪れたボランティア等々、自分達にかかわってくれた人達に向けて、「ほめ言葉のシャワー」を行いました。「ほめ言葉のシャワー」を聞きながら、子ども達の観察力と表現力に改めて驚かされました。

〝社会化〟は、活動として外へ向かい、学ぶ姿勢として内面に積み重なっていきます。外面と内面の2つの学びを繰り返すことが、健全な学びの〝社会化〟なのです。

4月にはまた、新しい〝教室〟で子ども達との学びがスタートします。初日に教壇に立ったとき、子ども達を見ながら、ぜひ彼らの1年後の姿を思い浮かべてください。その姿の実現が、〝教師としての覚悟〟です。

学びが、教室から外へと向いていく。

白熱した話し合いでは、教師は一歩引いた位置に。

第3章

菊池省三自ら解説！「考え合う」授業の真剣指導

授業動画で〝教室の空気〟を学ぶ

仲間と学び合おう

普段は一人で教材研究をしている人も、週末や長期休みには、サークルや研究会に参加されることが多いのではないでしょうか。仲間と学び合うことで新たな視点に気づき、学びを深めていくのではないかと思います。

本項では、授業動画を使った研修のあり方について提案したいと思います。

非言語のアプローチに目を向けて

授業動画を使った授業検討は、「ストップモーション方式」という名称で1980年代後半から注目を浴びました。その頃20代だった私も、ストップモーション方式に関心をもち、様々な研究会に参加しました。しかし、教師主導の一斉指導が主軸だった当時、ストップモーションで扱う動画は、優れた〝リーダー格〟の先生の授業動画で、動画を見ながらその教師の教授行為について学ぶものがほとんどでした。発問や指示など、教師が発信する場面にストップをかけ、その先生から説明を受けるというもので、どちらかと言えば、一方的にアドバイスをもらう、という形です。これでは、従来の〝昭和〟時代の研修と何ら結果は変わりません。

対話や話し合いをベースにした温かい教室・人間関係づくりを目指すのであれば、教師の「授業内容伝達言葉」だけを取り上げるのではなく、教師が子ども達をほめて・認めて・励ます「自己表現的言葉」にも目を向けなければなりません。

また、言葉だけではなく、表情や受け答え、うなずき、立ち位置など、身体表現である「非言語のアプローチ」にも目を向ける視点が必要です。私はむしろ、非言語の対応にこそ、重点を置くべきだと考えています。私達菊池道場の研修では、そうした「自己表現的言葉」や「非言語のアプローチ」を含めた視点で動画を視聴していきます。

全員参加で様々な視点を出し合うことが大切

こうした研修会は、進行役、授業者、参加者の３者で行います。実際の授業を参観できなかった参加者には、研修の前にあらかじめ動画を見ておいてもらうといいでしょう。

45分間の授業すべてを1回の研修で行うのは時間的に難しいので、〈導入の3分間〉〈子どもの話し合い場面〉など、進行役があらかじめポイントを決めておきます。

ストップモーション分析においては、参加者全員が気づきや疑問（質問）、感想を自由に出し合うことが大切です。進行役は、参加者達がベテランや一部の教師の意見に左右されないように気を配ります。

最初の発言がなかなか出ない場合は、例えば進行役から授業者に向けて「まず教室全体を見渡してから中に入ったのには、どういう意図があったのですか？」などと質問し、授業者に答えてもらいます。サンプルを出すことで、参加者もその後の質問や意見を出しやすくなるはずです。

サンプルを示す際のポイントは、「教室に入ってすぐ、窓側の最後列の子のところに向かったのはなぜ？」など、非言語の部分について触れることです。

「発問や指示以外に触れてもいいんだ」「こんな細かいところを聞いてもいいんだ」と感じてもらうためであり、次に動画を見るとき、もっと広い視野で授業を捉えてもらうためでもあります。

子ども達の主体的な学びを育てる土壌となる、活発な意見を交わす場をつくるために、どうやって、どのような空気を醸し出していくか。

繰り返しになりますが、教師の発問や指示だけでなく、パフォーマンス力にも目を向けることが必要です。非言語のアプローチは、指導案や文字資料からは見えにくいのですが、授業動画であればつかみやすいはずです。

同じ動画を見ても、一人ひとり視点が異なります。それらを出し合うことが大切であり、そのためにも全員が参加できるように進行役は気を配ります。

時間の節約のため、3～4人位のグループに分けてフリートークにするケースもよく見られますが、フリートークにしてしまうと、ベテランや意見を言いたがる人、「やってる感」を出したい人が主導権を握ってしまいます。

十分な人間関係が築けていない学級でグループトークを行う子ども達と同様、「強い人」に押されてしまうのです。このため、最初の頃はできるだけ全員に発言の機会を保障したほうがいいでしょう。

こうしたストップモーション分析での学びを繰り返していくうちに、「授業を見る目」が共有され、視野も広がっていきます。具体的な対応策も出るようになり、やがて1年間を見通した指導が見えてくるようになります。授業者はもちろん、参加者にとっても大きな学びになるのです。

この章では、ストップモーション分析での学びを意識し、私が全国各地で行った飛び込み授業の記録を私自身が振り返りながら、指導のポイントを解説していきたいと思います。ベースとなる授業記録（レポート）は、教育ジャーナリストの関原美和子さんによるものです。

菊池省三自ら解説！「考え合う」授業レポート①

兵庫県神戸市立春日台小学校2年1組（2023年5月）

〝聞ける教室〟は、反応が早い

「このクラスは挨拶がめちゃくちゃいいって、噂に聞いていました。こんにちは！」

菊池先生が教室の扉の外から子ども達に話しかけると、すかさず子ども達から元気いっぱいの「こんにちはっ！」が返ってきた。

「本気の拍手で迎えてもらっていい？」

「いいよ！」と大きな拍手が響いた。

ポイント①

教師の言葉かけに対して、素直に自分を出して答えるか、聞くことができる教室かどうかを見極めます。見る、うなずく、相づちを打つ。こうした反応は、聞いていない場合遅くなるので、当然、勢いがありません。すぐに反応するのは、聞ける教室であるということです。

さらに言えば、聞ける教室＝考えられる教室であるとも言えます。


「先生の名前書いていていい？」

「いいよー」「はいっ」

「読めるかどうか、後で聞きます。ここ（チョークの先）を見ていないと、遅れるぞ」

〈きくち〉

黒板に書かれる一文字一文字に集中する子ども達。

「姿勢がいいし、手の挙げ方はいいし、笑顔がいいですねえ」とほめると、みんなの姿勢がぴしっとなった。

空気を読み、呼応する教室に

黒板の左端5分の1のスペース（以下5分の1黒板）に「えがお」と書きながら菊池先生が、「じゃあ、君に言ってもら

おうかな。まるで昭和の日本男児みたいだな」と笑いながら、最前列の丸刈りの男子を指名。菊池先生の笑顔につられ、子ども達も笑った。

指名された男子が元気よく「きくち！」と答えると、菊池先生が「みんな、ちょっと待っててね」と男子を廊下に連れ出し、耳元で何かささやいてから、教室に戻ってきた。

「時を戻そうと思います」と全体に伝えた菊池先生が男子に向かい、「ここから時を戻すからね。……『いいねえ、まるで昭和の日本男児みたいだなあ』」と声をかけると、子ども達は大爆笑。

〝時を戻された〟男子が「きくち先生！」と改めて答えると、みんなが大きな拍手をした。

ポイント②

〝昭和の日本男児〟という意味はよくわからなくても、私が笑いながら言ったことで空気を読み、子ども達もつられて一緒に笑いました。こういう子どもらしい笑いがある教室はとても温かいものです。

授業者への興味、みんなで学ぼうという空気。この２つがかけ合わさって、私と２年１組が呼応する関係になったと言えるでしょう。

「今、彼はある言葉を入れて、名前を言ってくれました。聞いていて、覚えていて、言える人？」

最後列の女子が「先生」と答えると大きな拍手が起こった。

菊池先生は、５分の１黒板に書いた〈えがお〉〈ていねい〉〈聞き合う〉を指しながら、

「いいクラスは聞き合う。聞き合えるから２年１組は素敵な教室なんだ、いいねえ。よし！　今日の授業、楽しむぞ！」と話すと、

「うん！」「はいっ！」とみんながニコニコしながら大きくうなずいた。

菊池先生がノート代わりの紙を配りながら、

「先生が配るときに『どうぞ』と言ったら、みんなはなんて言う？」

「ありがとう」

「もっと丁寧に言うと？」

「ありがとうございます！」

「じゃあ、今から配るけれど、みんな言えるかな？」

そう言って菊池先生があおると、子ども達の「どうぞ」「ありがとうございます」の元気いっぱいの声が教室に響いた。

ポイント③

教室の空気の発信源は教師であり、受信源も教師です。特に、声や表情、態度など非言語

の部分は、空気づくりに大きくかかわります。

子ども達の心が開放されると、受け答えの声も明るく元気になり、笑顔になります。

このような子ども達の非言語の表現と、教師は五感すべてを使ってやりとりすることを意識する姿勢が必要です。

「何を言ってもいい」という言葉かけを

「これは何の写真か、わかった人はやる気の姿勢を見せてください」

菊池先生が話しかけると、子ども達は即座にぴしっとした姿勢になった。

菊池先生が1枚の写真を見せながら、教室の中を回る。

「何の写真ですか？　隣の人と相談しましょう」

数秒間相談した後、菊池先生が、

「間違えるかもしれないけれど、わかった人は手を挙げましょう」と言うと、勢いよく子ども達の手が挙がった。

ポイント④
「間違ってもいいから」

「一人ひとり違っていいんですね」

「当てずっぽうでいいから」

　何を言ってもいい、という空気をつくるために、私はこういう声かけをします。「間違えてもいい」という言葉かけは、子ども達の「正解を言わなければいけない」という固定観念を払拭します。その結果、いろいろな意見が出るようになり、どんな意見でも受け止められる教室になっていきます。


白鳥、ウズラ、スズメ、キツツキ、ツバメ……いろいろな意見が出たところで、菊池先生が、

「じつは３番目の友達が発表した鳥のヒナです。聞いていて、言える人？」

指名された子が「スズメ」と答えると、菊池先生がうなずきながら、

「先生の予想だと、友達の発表をちゃんと聞いていたあなたに、みんなから拍手が起きると思います」

間髪を入れず、みんなから大きな拍手が起こった。

「今からスズメの赤ちゃんの話をしたいと思います」

と、菊池先生が話し始めた。


ある学校に、みさきさんという小学2年生の女の子がいました。学校帰りに、傷付いたスズメのヒナを見つけたみさきさんは、スズメの赤ちゃんを家に連れて帰りました。みさきさんはスズメにピー子という名前をつけ、怪我の手当てをしたり、お母さんと一緒にスズメが食べられるえさをあげたり、一生懸命世話をしました。

やがてピー子は怪我が治り、部屋の中で飛べるようになるほど元気になりました。


「みさきさんがしたことは、いいことか悪いことか、○か×で書きましょう」

菊池先生が問いかけた。

○　27人
×　0人

「次に先生はどんなことを聞くか、予想して言える人?」

と菊池先生が尋ねると何人かが手を挙げ、以下のような発表をした。

・理由を聞く

・どうして○か×かを聞く
・答えを言う
・町中の人が優しい

最後の発言を受けて、菊池先生は、
「最後に発表した友達の意見を聞いていた？　先生はお母さんとみさきさんのことを話しただけなのに、話を聞いて、町の人みんなのことまで想像して『優しい』と言ったんだね。すごいね。ここで拍手！」とほめた。その後、正解が「理由を聞く」であることを伝え、理由を書かせた。

ポイント⑤

このように、的外れの答えをスルーするのではなく、「ピー子を助けたみさきさんの気持ちになりきり、それを認めてくれたお母さん、さらには周りの大人＝町中の人、と結びつけた」と捉えます。発言の源にある子どもの内面の思考を教師が取り上げてほめ、周りの子どもも達に伝えることで、子ども達も「そういう意味だったのか」と納得します。

それぞれが理由を書き、その後自由に立ち歩いて友達と意見交換したら、発表タイム。以下のような理由が発表された。

・みさきさんの優しい気持ちがあって、スズメが元気になったから
・みさきさんが世話したから
・スズメを放置していたら死んでしまったかもしれないから
・優しい心をもっているから
菊池先生が促すまでもなく、発表ごとに子ども達から大きな拍手が起こった。

話し合いのキモは、分裂する問い

「この話の続きを話していい？」

菊池先生が尋ねると、子ども達は興味津々の表情で、「いいよー」と答えた。

> ある日、お父さんの友達が家に来ました。元気になって部屋の中で飛んでいるピー子を見て、「ちょっと運動不足みたいだなあ」と言いました。
> それを聞いたみさきさんは、ピー子を仲間がいる自然に返してあげたほうが幸せなのか、一生懸命世話をして、もう懐いているのだから、ピー子をそのまま飼い続けるか、迷いました。

「ピー子を逃がすか、飼い続けるか、自分ならどっちか書きましょう」

菊池先生の問いかけに真剣に考え込む子ども達。

- **逃がしてあげる　20人**
- **飼い続ける　7人**

という結果になった。

ポイント⑥

話し合いの授業を進めるキーポイントの1つは、分裂する「問い」の投げかけです。

立場が異なる意見を出し合い聞き合うことで、話し合いの基本になる型を学ばせます。答えがどちらかに大きく偏らない「問い」づくりがキモになりますが、もし大きく偏ってしまった場合「違う意見の側に行ってもいい人？」と言葉かけをしてもいいでしょう。

新たな二項対立を投げかけ、さらに考えさせる

「スズメのピー子を『逃がす』か『飼い続ける』か、同じ意見同士5～6人で集まって、話し合

いの作戦会議をしましょう」と菊池先生が伝えると、子ども達は席を立って意見交換。話し合いの後、そのままの位置で発表した。

ポイント⑦

なぜそのままの場所で話し合うのか。それは「話し合いの空気を壊さないため」です。さらには、子ども達に「同じ考えの仲間と一緒」という安心感を持たせる意味もあります。友達と積極的に意見を交換しても、自分の席に戻って座ると、なかなか手が挙がらなくなりがちです。ワンクッション置くことで、体も心もクールダウンしてしまうからです。体と心は連動しています。身振り手振りで体が動いていると、意見も出しやすいものです。

「逃がす」派の発表

- 逃がしたらピー子は仲間と遊べる
- 逃がして仲間を増やしてあげる
- 運動不足だと死んじゃうかもしれない
- 逃がしたほうがピー子の体のためにもいいから

・ピー子はお父さんお母さんを思い出して悲しいかもしれない

「飼い続ける」派の発表

・もうちょっとだけ一緒にいたいから
・逃がしたら、野生に戻ると犬や猫に食べられるかもしれない
・もっと広い部屋に入れてあげればいい
・逃がしたらえさや治療がむだになる
・逃がしたら、また怪我をするかも
・逃がしたらさみしい

意見を出した後、子ども達が自分の席に戻ると、菊池先生が、「この話には、まだ続きがあります」と話しかけ、１枚のポスターを見せた。そのポスターには大きく、

〈ヒナを拾わないで〉

と書かれている。「えっ!?」「なんで？」と子ども達からざわめきが起こった。

行動選択能力を鍛えるモラルジレンマ教材

菊池先生が、

「自分でえさを見つけて食べることができなくなってしまうことと、自然に戻しても野生の動物に食べられたり傷つけられたりしやすくなることから、拾ってはいけないそうです。でも、既にみさきさんは拾ってきてしまいました」と話し、

〈みさきさんはどうすればいいのか〉

と黒板に書いた。

「ピー子のことを考えて、みなさんができること、したほうがいいことを考えましょう」

子ども達は近くの友達と2分間ほど相談し、発表した。

ポイント⑧

自分の意見を書かなくても発表できる教室であれば、自分で考えながら意見をつくり、書

かずにそのまま発表する形を取ります。
・書いたことを〝読む〟のではなく、自分の意見を〝話す〟
・一言でもいいから、他の人とは違う表現で話す
・途中までしか書いていなくても、その先を言おうとする
・言葉だけでなく、身振り手振りを交える
　話し合いのフォーマットにこだわらず、こうした子ども達の姿が見られたら、話し合いのレベルもステップアップしていく、という視点が教師には必要です。
「今の言い方は、一生懸命考えた結果だね」とほめて認めることで、子ども達はそういう話し合いができるようになってきます。

「アイデアがある人は立ちましょう」と菊池先生が促すと、子ども達から意見が出された。
①広い部屋にしてあげる
②自分でえさを食べられるようにする
③ハグしてあげたり、一緒に寝たりする（飼い続ける）
④ペットショップにもって行く
⑤運動不足にならないよう、一緒に運動する

⑥戻しても他の動物に食べられないように、食べられるものや危ない動物に気をつけることをピー子に教えてあげる

ポイント⑨

③と⑥は、擬人法が通用する2年生ならではの意見です。年齢に合った考え方と各々の生活経験から、それぞれの意見が生み出されます。

④は、専門家に預けるという視点です。2年1組の子ども達にとって、身近な専門家は、動物愛護センターではなく、ペットショップなのでしょう。こういう考え方が出てくることは素晴らしいことです。

「自分がみさきさんなら、どれを選ぶか」と問い、子ども達が考えた結果、④が多数を占めた。

・ヒナを飼ったらだめだから、ペットショップへもって行くほうがいい

・病気も食べ物も、みさきさんより上手な人が世話をするほうがいい

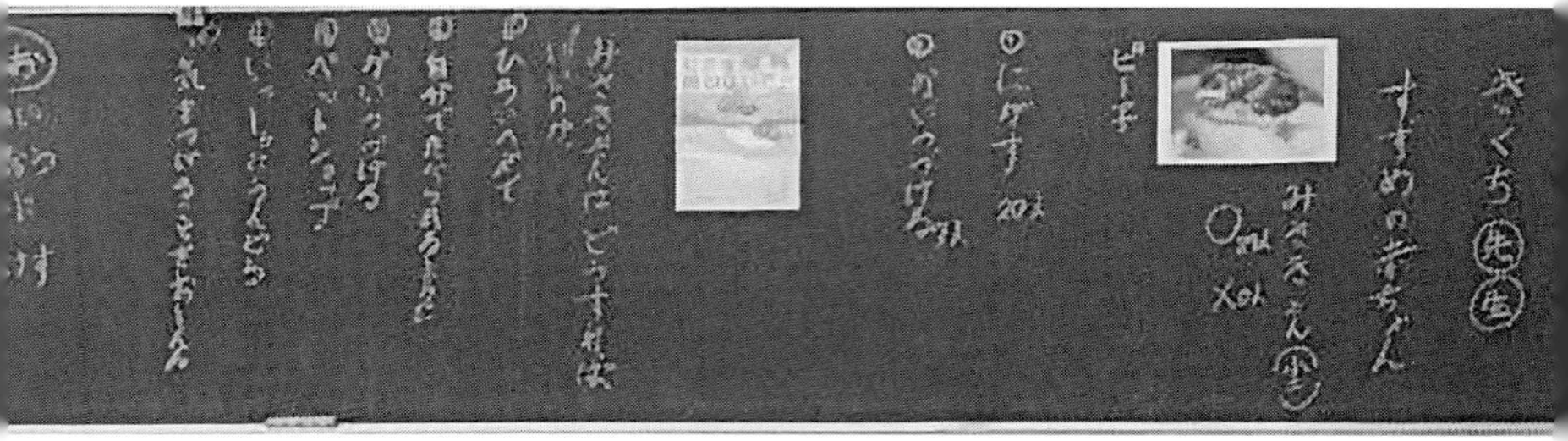

「してしまったことは戻らないから、そのときに一番いい方法を考えることが大切。１組のみんなはすごいなあと思いました。困ったとき、一番いい方法は何か、一人ひとりが考えて、みんなで相談して見つけてください」と伝え、菊池先生が授業を締めくくった。

■菊池省三自身による授業解説

「話し合う」という言葉はよく耳にしますが、「聞き合う」はあまり聞かない言葉だと思います。「聞こう」ではなく、「聞き合おう」という言葉かけをすることで、子ども達の捉え方は「相手」を意識するようになります。

「聞く」「伝える」という一方通行ではなく、先生と子ども、子ども同士双方が〝合う〟授業こそが、コミュニケーション力豊かな教室づくりには必須です。

授業のゴールは、学び合う、話し合う、聞き合う、すなわち〝つながり合う〟に向かいます。授業の中で教師が使う言葉は、主に指導の場面で使う「授業内容伝達言葉」と、教師の感動から来る「自己表現的言葉」がありますが、それ以外に〝つなぎ合う〟〝学び合う〟役割をもつ言葉も意識することが大切です。

〝合う〟は、お互いを認める大切なキーワードです。

教室には、いろいろな子がいて、でこぼこしています。〝気になる子〟も活かすには、教師主導の教育技術だけではなく、「ほめて認めて励ます」「個と集団をつなぐ」という2つの要素を意識することが必要不可欠です。

授業を進めながら、聞かせる、呼吸を合わせる、反応がある、拍手や返事を通して参加できている、を見極めていく——。すべて〝合う〟がキーワードになっているのです。

教師が、「何を言ってもいい」と話すと、普段は自信がなくて発表しきれなかった子も「言ってみようかな」と挑戦するようになります。ときには的外れな内容が出ることもありますが、スルーするのではなく、「こう考えたから、こういう答えになったんだね」と付け足して、子どもの内面を補足してあげる。

今、初めて気づいたように、「こんなことにも気づくなんて、すごいなあ」「先生も思いつかなかったよ」などと言葉かけをすることで、「友達の意見を聞きたい」「もっと話したい」という雰囲気になり、子ども達同士の距離がどんどん近くなっていきます。

ファシリテーションとは、単に順番を整理して、台本通りに進めていくものではありません。ファシリテーターである教師自身が感動し、驚きを交えたパフォーマンスをしながら子どもの発言を取り上げ、「今、すごいことを話してくれたね。これはこんな意味があるんだよね」と価値づけ・意味づけをしていくことで、とってつけたものではなく、子ども達が実感できる価値づけとなっていきます。

モラルジレンマ教材は、子ども達に二項対立で考えさせますが、最終的には行動選択能力を鍛えたいと考えています。そこに行くまでに、二項対立で議論する場合、お互いに何がわかっていないかを意識させなければなりません。

そもそも議論とは、お互いにわかっていないことを見つけるために話し合うものです。それぞれの立場から論拠となる情報を探し、意見を述べ合う。そして、最終的にどうすればいいかを見つけていきます。

教師は、そういう話し合いが成立する授業展開を考えていく必要があります。この視点が欠けると、「公平に考えることが大切」「思いやりをいつも大切にしましょう」など、価値の押しつけレベルに終始してしまいます。

お互いにわかっていないことを見つけるためにするものが議論ですから、わからないことがわかって結論が見えれば、そこで議論は終わりです。

もちろん結論は状況によって変わることもあります。だからこそ、常に考え続ける子どもを育てたいものです。

菊池省三自ら解説！「考え合う」授業レポート②

大分県玖珠町立くす星翔中学校2年3組（2023年7月）

普段目にしている掲示物も活用して

〈四十一〇四十一〇〉

菊池先生が黒板に書き、〇に何の文字が入るか、みんなに尋ねた。

最前列に座っている男子の指先を、菊池先生が上から見えない糸で引っ張るように挙げさせて、男子の挙手を促すと、みんな大爆笑。

男子生徒が「四十一人四十一色です」と黒板に書き込むと、大きな拍手が起こった。

「四十一人四十一色のように、一人ひとりが自分らしさを発揮する1時間にしましょう」と菊池先生が話すと、みんなが元気よくうなずいた。

ポイント①

教室に入ったとき、〈四十一人四十一色〉と書かれている掲示物を見かけました。「一人ひとり違っていていい」「自分らしさを発揮する」授業を、一言で説明するのにふさわしいキャッチコピーです。このキャッチコピーは、普段子ども達が目にしていますから、クラスの誰もが答えられます。「安心して授業を受けられる」空気感が教室に生まれます。

〈好きこそものの上手なれ〉

菊池先生が黒板に書きながら、

「見たことがある、聞いたことがある、読んだことがある人は、やる気の姿勢を見せましょう」

と話しかけると、生徒たちがぴしっとした姿勢になった。

「どういう意味か、ズバリと一言で書きましょう」

生徒達が一斉に紙に書き始めた後、菊池先生が一人の生徒に向かって、

「タブレットも辞書もないんだから、自分で思ったことを書けばいいんだよね？　どれもが正解だよね？」と話しかけた。その生徒がうなずき、他のみんなもほっとした表情になった。

ポイント②
「やる気の姿勢を見せましょう」

という言葉かけで、ぱっと切り替えができるか、すぐに体が反応するか、子ども達の呼応の距離（反応速度）を読み取ります。

また、「自分の思ったことを書いていい」と示すことで、子ども達は安心感を抱き、体も心も「頑張るぞ！」とやる気になります。

こうして温かい空気感の温度をさらに上げていきます。

書き終えたところで、自由に席を立ち歩いて友達と意見交換し、その後発表。

- 自分の好きなことや好きなものを上手にする
- 好きなことは何時間でもできるから、上手になる
- 自分の好きなことを続けることで、上手になる

「今、2番目に発表してくれた彼女は、書いた文章を読むのではなく、紙をもたずにみんなに伝えようと話していました。すごいことです。ここで拍手！」

菊池先生が話すと、教室に大きな拍手が響いた。

価値づけてほめることで、周りの子どもにも影響を与える

「今日は、ある人について話します。誰でしょうか？」と、菊池先生が幼い男の子の写真を見せた。

「え、誰？」

「菊池先生？」

生徒のつぶやきを聞きながら、菊池先生がヒントになる２枚目の写真を掲げた。

「この子が描いた魚の絵です。わかる人？」

菊池先生が問いかけると、最前列の男子が手を挙げた。菊池先生がその子に対し、

「あなたの前には誰もいないし、後ろも見えない。もしかしたら間違っているかもしれないけれど、わかったから一人でも手を挙げた。かっこいいことだよね」と伝え終わると同時に、大きな拍手が起こった。

「みんなが手を挙げていないと、自分も手を挙げるのをやめてしまう人もいるのに、あなたは一人だけでも手を挙げた。〝一人が美しい〟ですね。こういう人がいると、どんどん手を挙げていく人が増えていく教室になっていくんですね」と菊池先生が男子をほめ、発言を促した。

その生徒が、「さかなクンです」と答えると、さっきよりさらに大きな拍手が教室に響いた。

ポイント③

周りの子の目を気にして、なかなか自分を出せない——教室でよく目にする光景です。特に中学生は、目立ちたくないという気持ちが強く出ます。そんな中で、勇気をもって手を挙げた子がいたら、「一人が美しい」と価値づけてほめます。「間違えても、一人でも、自分の意思で発表する」ことの価値を示すことで、その後の子ども達の反応が大きく変わっていくのです。

"うなずき"も発表の1つと捉えて

「さかなクンについて、どんなことを知っているか、隣の人と話しましょう」

7秒間意見を交わした後で、縦列の生徒が発表した。

・魚が好き

・魚について、いろいろ詳しい
・毎回語尾が「ギョギョギョ」
・中学生のときに「吹奏楽部」のことを「水槽学部」と間違えた

緊張したためか、一人の生徒が「よくわかりません」と答えた。「よくわからないけれど、魚が好きそうだということはわかる？」と菊池先生が尋ねると、生徒がうなずいた。
「そうだよね。『さかなクン』だもんな。じゃあ、『魚が好きそうだ』」と、菊池先生が生徒の発表を〝代弁〟すると、みんなが大きな拍手を送った。

ポイント④

列で指名をすると、戸惑ってしまう子がいます。普段の授業で慣れていないからでしょう。そういう自分の意見がもてない子、考えていない子は「(前の人と) 同じです」「一緒です」という回答で逃げてしまいがちです。そんなとき、教師はどう対応すればいいのか。以下のような選択肢が考えられます。

①「今は一生懸命考えているからだね。まとまったら、後で話してね」と言葉かけをする。

②「○○さんの気持ちになって話せる人？」と、友達にフォローしてもらう
③教師が答えやすい問いかけをし、うなずいたら「君もそう思うんだね」と認める。
この授業では、初めて出会った子ども達であること、授業内容に入ったばかりの場面であることから、③の対応にしました。

「ズバリと一言で書きましょう」と指示する

「さかなクンは、子どもの頃からずっと魚のことばかり考えていたので、学校の成績はオール2だったそうです。いじめにも遭ったそうです。見かねた先生が『もう少し勉強させたらどうですか？』とさかなクンのお母さんに尋ねると、お母さんは、『この子には好きな絵を描かせたいので、勉強はいいです。みんなが勉強したら、優等生になって□になります。だからうちの子は今のままでいいんです』と言ったそうです。お母さんは何と言ったでしょうか？　自分の意見をズバリと一言で書きましょう」

菊池先生の問いに、鉛筆を動かす音だけが教室に響いた。悩んだまま鉛筆をもつ手が止まっている生徒も何人かいた。

するると、菊池先生が、「鉛筆を置いてください」と声をかけた。

「考えて悩んで、それでも鉛筆が動かないときがあります。鉛筆が動いていないのに、先生が『書けた人？』『言える人？』と言っても、絶対に手は挙がらない。でも、自分で悩んで書けなくても、友達と相談して写したり書き加えたりして、その後に先生が『書けた人？』と言えば手が挙がる。それが教室ですね」

「はい！」

生徒達が大きな声で返事をした。

「じゃあ、またみんなで意見交換しましょう」

菊池先生の言葉かけに安心したのか、生徒達は意見を交換しながら、自分の紙に熱心に書き込んでいった。

ポイント⑤

なぜ書くことができないのか。その理由には次の2つがあります。

①「正解がないので、一人ひとり違っていい」と言われても、自信がない。

②〝感想〟ではなく、〝答え〟に対して自由に考えて書くという経験がない。

こうした場面での目標は、子ども達が書けることではなく、友達との交流で意見をつくることです。
かつて、私の授業を見た人が、「菊池先生は『8割の子どもに伝わればいい。あとの2割は、子ども同士のコミュニケーションを通して伝わるだろうから』と考えているのでは？」という感想を話してくれました。意見交換は、自信がない子、どう書いていいかわからない子をフォローする大切な場面でもあるのです。

書き終えたところで、立ったまま発表した。

- みんな同じ
- みんな優秀
- 個性がなくなる
- 天才になる
- 他の子と同じ
- モノクロになる

「モノクロって、どういうこと？」

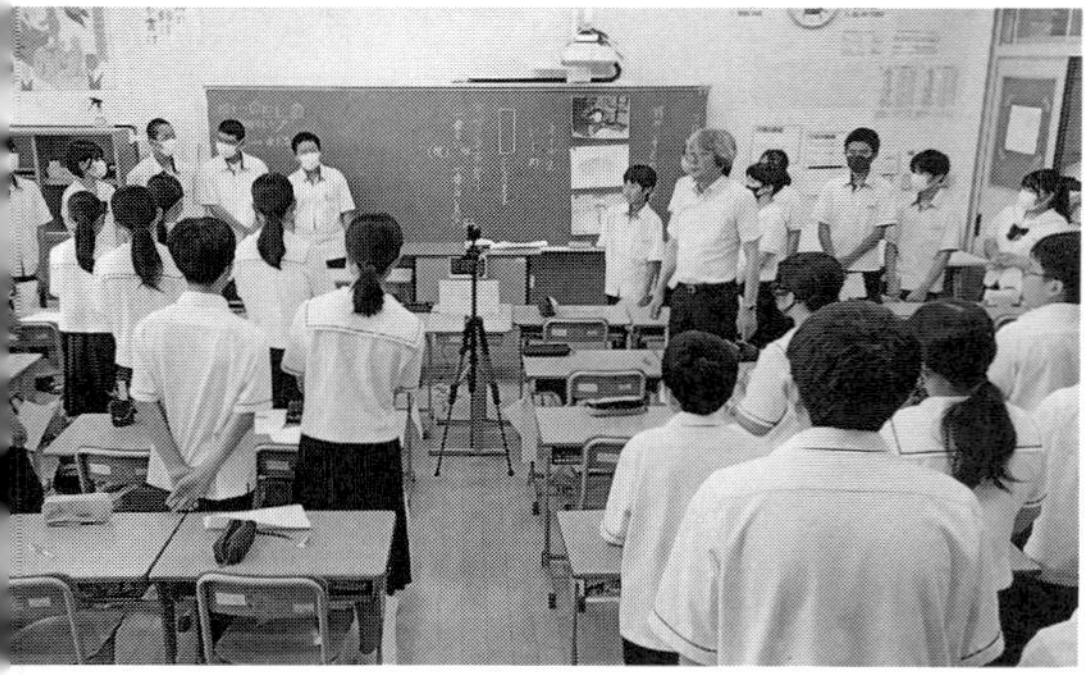

菊池先生が尋ねると、「色がない、という意味です」と生徒が答えた。

「なるほどー。書いていなくても、自分が考えたことだから話せるんだね」と菊池先生がほめると、大きな拍手が起こった。

みんなで学び合うことを意識させる

菊池先生が、さかなクンのお母さんの話を続けた。

「学校の成績がオール2だったさかなクンを心配した担任が、『そんなに絵が好きなら、専門の絵の先生をつけたらどうですか？』と勧めたそうですが、お母さんは何と言ったと思う？」

菊池先生の問いかけが終わる前に、一人の男子生徒が挙手しようと体を動かした。

「君はえらいなあ。まだ言い終わっていないのに、手を挙げようとしたね」

恥ずかしそうなその生徒をほめながら、

「ここでみんなが拍手をすれば、きっと立ち上がって意見を言うよね」と盛り上げると、みんなが大きな拍手。

男子生徒が、「『自由に描かせたほうがいい』と言った」と答えると、菊池先生が、

「そのとおりです！　言われたことを聞いているだけじゃなくて、聞きながら頭の中で考えてい

るから、手が挙がるんだよね。頭の中が動いている証拠ですね」とほめた。

ポイント⑥
手を挙げる場面ではないにもかかわらず、思わず手が挙がりそうな子どもがいたら、「やる気があるね」とほめます。こうした子ども達の些細な動きにも目を向け、取り上げることが大切です。

菊池先生が話を続けた。

「『絵の先生をつけたら、その先生の絵になってしまう。だから、絵の先生はつけません』と言ったそうです。では、みなさんに聞いてみます。さかなクンのお母さんの子育て。その考え方・方法が……」

①一番よい
②一番とは言えない

菊池先生が右の2つの選択肢を黒板に書きながら、「どっちだと思いますか？」と尋ねた。

「後で友達と意見を交換して考えが変わるかもしれないから、今決めた立場は（仮）です。とりあえず、紙に書いてください」

生徒達が書く音がさっきより大きく、強くなった。

「どっちが多いと思う？」

菊池先生が二人の生徒に尋ねると、①と②に分かれた。

「あなたはそう思ったんだね。『みんなはどうかな』と考えるのは、みんなの気持ちになって考えること。つまり、想像は思いやり、優しさなんですね。そうやって、一人ひとりがみんなのことを考えられる学級をつくっていくんだね」

ポイント⑦

みんなで学び合う意識をつくるため、私はよく、２択の発問について、「どっちが多いと思う？」という問いかけをします。常にみんなと学ぶのだから、自分の意見だけではなく、みんなの意見のことも考え、その違いを楽しむことを意識させたいのです。

この問いかけを通して、「あなたもみんなからそう思われ、大事にされている」ということにも気づかせたいですね。

内面の意欲の表れを価値づけてほめる

それぞれが自分の立場を決めた後で、挙手をした。

①19人
②16人

半々に近い形に分かれた。

「次はどんなことを尋ねるかわかる人？」と菊池先生が尋ねると、勇み足気味の男子生徒が、「わかりません！」と元気よく答えた。

すると、菊池先生はその生徒の席に行って、耳元で小声で何かをつぶやいた。

「……時を戻しましょう。どんなことを尋ねるかわかる人？」

男子生徒がすかさず「理由です！」と答えると、菊池先生

が、「正解！」。

爆笑と大きな拍手が起こった。

ポイント⑧

一見、雑音とも取れるつぶやきです。この生徒は、けっしてふざけていたわけではなく、楽しくなってつい出てしまったようでした。

このような場面で、教師はえてして「ふざけるな」とたしなめてしまいがちです。するど、せっかく温かく膨らんでいった教室の空気がしゅんとしぼんでしまいます。

この問いには「理由」という明確な正解がありますので、その場で小声でその子に正解を伝えました。もし誰からも答えが出なかったとしても、さらっと「理由」であることを言えばいいだけの場面です。

今回は彼を取り上げたことで、教室が笑いに包まれ、温かい空気が生まれました。小さな不規則発言を咎めて、わざわざマイナスの空気をつくり出す必要はありません。


「なぜ、そう考えたのか。……早いなあ！　理由を書きましょう」

と菊池先生が話すと、生徒たちの鉛筆を動かすスピードがさらに速くなった。

ポイント⑨
「書きましょう」という指示の後ではなく、指示の途中で「早いなあ！」を入れます。

当然、子ども達はその時点ではまだ書き出していません。このように教師が先手を打つことで、子ども達の書く速度が上がります。

この授業では既に何度か書いているので、そのスピードを加速させています。

次の話し合いの場面では、書いたことを読み上げるのではなく、その場で自分の意見を言える子ども達だと判断したからです。


20秒ほどでさっと紙に書いた生徒達。その後、同じ意見の人ごとに4、5人のグループに分かれ、意見を交換。話し合いの後、そのままの位置で意見を発表した。

●一番とは言えない派
・失敗したらリスクが大きい
・将来が不安
・将来、学力がないと困る

・少しは勉強しないといじめの原因になって、個性がもったいない
・一人で考える知識より、先生が教えてくれる知識のほうが多い

発表の途中で、黙り込んでしまう生徒もいた。そこで、「彼が何と言おうとしたか、予想できる人？」と菊池先生が尋ねると、隣の女子生徒が、「お母さんと同じように育って、自分の個性がなくなるから」と代弁した。みんなから大きな拍手が起こった。

ポイント⑩
自分の順番になっても答えられない子への対応です。ここまでに何度か意見を交流し、同じ意見のグループで話し合っていたので、この場面では、友達にフォローしてもらうようにしました。

●一番よい派
・親がそれでいいと思っているから

・さかなクンの個性そのものを輝かせようとしている
・将来を見ると、1つのことに特化した分野を学ぶのが大切
・他の人に教えてもらうと、教える人の固定観念がつく
・子ども達の個性が大切というなら、子育てにも個性があっていいはず
・ありのままに育ってほしい
・母にとっては一番いい子育て

「お母さんが一番いい子育てだというなら、その子にとってもいい環境だと思う」と、少し緊張気味の生徒が体を動かしながら発表した。

「今の彼を見た？　手にも物を言わせましょう。一生懸命伝えたいから手も動くんだね。……ここで拍手！」

菊池先生が話すと、生徒達から大きな拍手が起こった。

続けて何人かが発表していると、後方にいた男子生徒が前に出てきた。

「発表したい？」

と菊池先生が尋ねると、大きくうなずく生徒。

「人生楽しく生きればいいから、別に勉強しなくてもいいと思う」

と、手をぐるっと回しながら発表した。

「さっき、『手にも物を言わせましょう』と言ったから、前に出てきて物を言わせたんだね」

と菊池先生が笑いながら話しかけると、みんなが大爆笑しながら拍手をした。

子ども達の対話のサイクルが動き出す

生徒達の身振り手振りを交えた発表をニコニコしながら聞いていた菊池先生が、黒板に次ページの図を書きながら言葉をかけた。

「今みたいに笑顔の人はよくしゃべれる。笑顔の人の話を聞くと『うんうん』とうなずく。そして『なるほどねえ』と相づちを打つようになる。相づちが出てくると、会話・対話が動き始めてくるから、質問や感想が出てくる。すると、また笑顔になる。これが対話や話し合いのサイクルになるんですね」

黒板に書かれた対話のサイクルを見ながら、生徒達がうなずいた。

「では、次は違う意見の人達と対話をしましょう」

菊池先生が言うと、生徒達はさっと動いて、意見を交換。じっくり話したり、なるべく多くの人と意見を交換したり、男女の区別なく対話を楽しむ姿があちこちで見られた。

話し合いの後、菊池先生が尋ねる。

「話し合って、意見が変わった人はいますか?」
②から①へ変わった生徒二人が挙手した。

- 自分の好きなことを伸ばして大学に行くとか、もっと先に行けば、いじめもなくなるかもしれない
- 野球で基礎を習うけど、それを特化させるには、個性が必要になると思う。だから元の才能を伸ばしたほうがいい

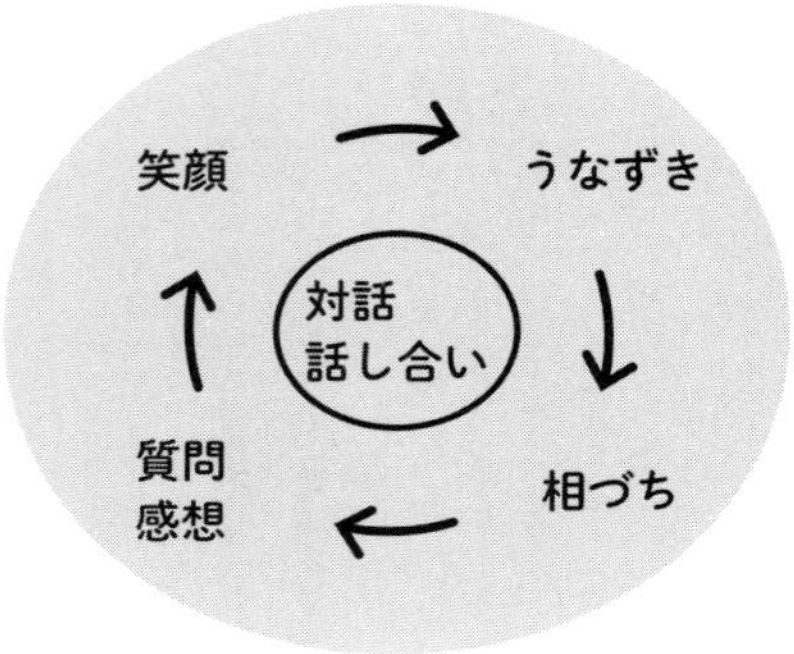

ポイント⑪

進学や部活など、自分事として捉えて発言しているのがとてもいいですね。

話し合いでは、自分事として意見をつくり出していく視点を子ども達にもたせることが大切です。

例えば、道徳の授業では、「これが望ましい」という方向性を示す内容が多いと思います。

そのとき、「こうするべきだ」と頭ではわかっていても、「でも、その場にいたら自分はで

きないかもしれない」と、自分事として捉えられるか。これこそが、道徳の〝キモ〟です。

第三者としての〝正しさ〟（客観性）と、「自分ならどうするか、何ができるか」（主観性）というジレンマの中から納得解を見つけていくことで、本物の〝自分の意見〟が生まれるのです。

加速していく話し合いを楽しむ

再び意見を発表した後、生徒達は席に戻った。

「お母さんはさかなクンに、『勉強ができなくても個性を伸ばせばいい。けれど、『人として□は大切にしなさい』』と常々言っていたそうです。

何と言ったか、ズバリと一言で書きましょう。悩んでもいい。後で友達と相談してもいいから、安心して書きましょう」

菊池先生が話すと、生徒たちはさっと鉛筆をもって自分の紙に向かった。

１分ほどして、菊池先生が、

「鉛筆を置きましょう。話し合いをします。２年３組は、いつも同じ人とばかり話し合う情けないクラスじゃないよね。内容によっては、相手を決めて、自分からその人のところに意見を聞きに行くよね？」とあおると、生徒達は、「はいっ！」と力強く答えた。さらに2分ほど意見を交換した後、その位置のままで発表。

- 自分の意見
- 自分の気持ち
- 思いやり
- 礼儀
- モラル

「全部〇です。さかなクンのお母さんの言葉に近かったのは、4番めの人が言った言葉です。聞いていて、覚えていて、言える人？」

菊池先生が問いかけると、みんなが大きな声で「礼儀」と答えた。

「そうですね。お母さんが言ったのは、〝礼節〟です」

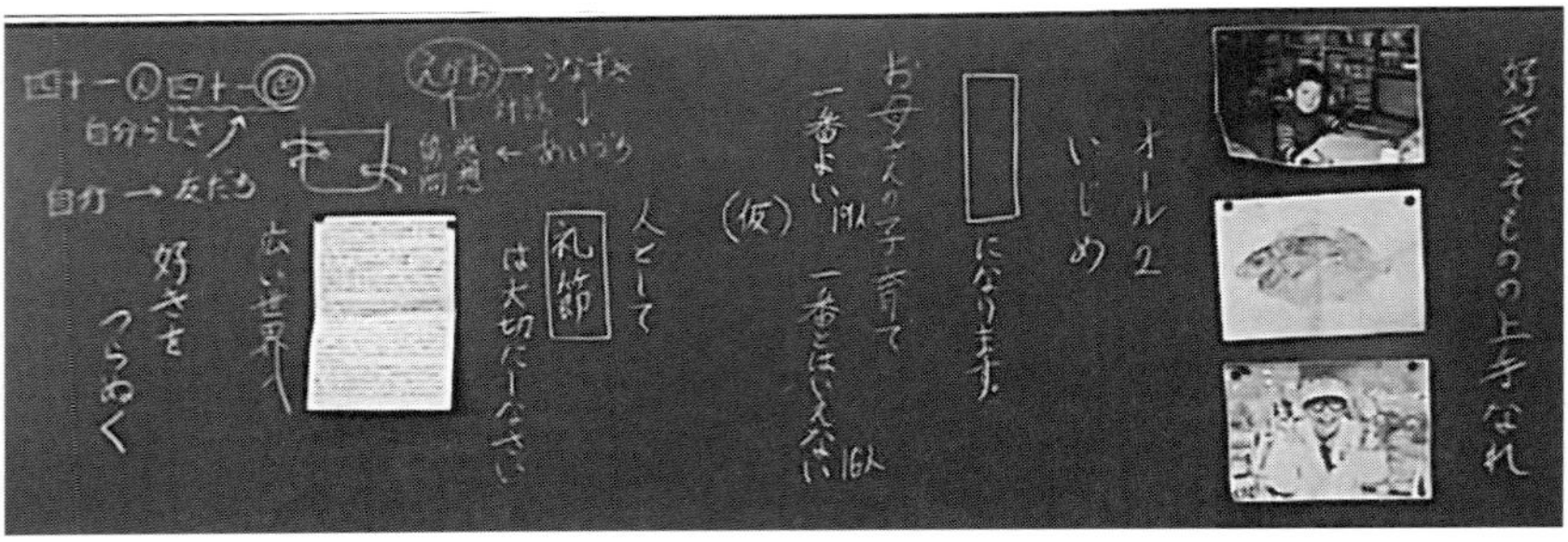

ポイント⑫

学びの形態と考え方の自由度をどんどん上げています。「自分の意見をつくる場面」「話し合う場面」「発表する場面」「人の意見を聞く場面」と、いくつもの場面を素早く切り替え、スピードを上げて取り組ませています。それに子ども達はしっかりついてきています。前半に比べて、格段とメリハリのある授業になっていることがわかります。

何より子ども達自身が、自由に意見を述べ合うことや友達の意見を聞くことを、「楽しい！」と感じたことで、教室の空気がどんどん盛り上がっていきました。

最後に菊池先生が、水槽に群れをなす魚の絵を見せながら、自分の道を歩んだ魚のさかなクンが、いじめられている人達に向けて書いた手紙の概要を紹介した。

〈人間の世界と同じように、魚の世界でもいじめがある。
広い海で群れていた魚を狭い水槽に入れると、魚たちは１匹を攻撃し始める。
いじめられた１匹を取り出しても、次の１匹がターゲットになる。いじめていた魚を取り出すと、新たないじめっ子が生まれる。広い世界ではそういうことは起こらない。

小さな世界の中でいじめたり悩んだりしても楽しい思い出は残らない。外の広い海に出てみよう。〉

「だから、さかなクンは『自分の好き』を貫いて、広い世界に行ったんですね。みなさんも毎日の中で好きなことがあるでしょうし、これから見つかるでしょう。その『好き』を貫いてください。そして広い世界に羽ばたいて、自分の色を輝かせてください」

菊池先生がそう締めくくると、生徒達は大きくうなずいた。

ポイント⑬

さかなクンの手紙は、道徳の教科書にも掲載されていますが、この話は子ども達に強い印象を与えるようです。せっかくなので、この話がより活きるようにと、今回の授業を組み立てました。

そして、授業の最後に「自分の色」について触れ、非日常の授業から、再び2年3組の日常に戻しています。

■菊池省三自身による授業解説

大勢の大人が参観する中で、初めて出会う先生（私）の特別授業を受ける――「どんな授業なんだろう」「ちゃんと答えられるかな」と、子ども達は期待と不安でいっぱいです。

そんな〈非日常〉の授業と、普段の教室に存在する〈日常〉を授業の冒頭でつなげることで、子ども達の緊張感を解いていきます。

飛び込み授業の前、私はいつも、教室の掲示物をさっと見渡します。

その教室の〈日常〉と、〈非日常〉であるこの授業との接点を見つけるためです。

今回のこの教室では、「四十一人四十一色」というクラスのキャッチコピーを見つけました。「一人ひとりの違いが出る」「様々な意見がある」楽しさを学ぶこの授業の冒頭に、クラスのキャッチコピーをもってくることで、子ども達に〈日常〉とのつながりを感じさせたのです。

通常の学級でも、新たな単元や初めての活動に取り組むときには、教室の〈日常〉とつなげてみましょう。「新しいことに挑戦する」ことに尻込みしがちな子ども達も、初めの一歩が踏み出しやすくなるはずです。

私は、対話・話し合いの授業で「ズバリ一言で示しなさい」という指示を取り入れます。答えが一言であるほど、その後の対話が広がるからです。

びっしり書かせると、読むだけの活動になります。話が長過ぎて、聞き手がついていけないのです。話し合いの授業を参観すると、多くの学級でこうした場面に出くわします。

一部の〝できる子〟が延々と話し、他の子は、だらだらした話を聞き取りきれずに話し合いから脱落していく。飽きた子ども達から雑音が出て、エスカレートしていく……。

教師が、そんな聞き手の子ども達に対し「静かに聞きなさい」と叱責すればするほど、学級は乱れていきます。聞き手の指導をする一方で、話し手の指導はおざなりです。

聞き手・話し手の双方を指導しなければ、対話・話し合いは豊かになりません。

こうした悪循環を生み出さないためにも、「ズバリ一言で」という指示は大切です。話し合いにリズムができ、授業スピードも加速していきます。

さかなクンのお母さんの言葉を一言で表現させることで、生徒達からは様々な意見が出ました。

１３２ページの問いの実際のお母さんの言葉は〈ロボット〉でしたが、生徒達の答えはすべて正解なのです。

身振り手振りは、「伝えよう」という気持ちの表れです。こうした内面の意欲の表れを価値づけてほめることで、子ども達に、非言語の領域もコミュニケーションにとっては重要な役割があることに気づかせます。

この授業では、身振り手振りを交えて発表した生徒が続きました。

「書いたものを読む」ことから脱却し、本気の話し合いになってくると、ジェスチャーを交えたり、日常の言葉づかいが出てきたりするようになります。

「です・ます」等の話型にこだわらず、子ども達の意欲をほめることが大切です。

話し合い活動をさせるとき、子ども達がどれだけ自分事として考えられるように仕組めるかがポイントになります。

さらに、問いかけをした後に10～15分は話し続けられるよう、子ども達に情報や資料を提示することも大切です。

こうした準備なしに、ただ子ども達に話し合いをさせても、活発なものにはなりません。

資料の提示↓スパッと短く意見を考える↓話し合い↓発表↓資料の提示……

という流れで授業を展開し、どんどんそのスピードを上げていきます。

最初の15分と最後の15分とでは、全く速度が違うのです。このスピード感が、子ども達の集中力と思考力を深めていきます。

菊池省三自ら解説！「考え合う」授業レポート③

兵庫県神河町立神崎小学校5年2組（2024年1月）

いろいろなこととつなげて考えた意見は、一人ひとり違う

「今日は楽しい授業にしたいですね。大丈夫か？」

教室に入るなり、菊池先生が〝挑発〟すると、子ども達は、「はいっ、大丈夫です！」と元気よく答えた。

「本当に大丈夫か？　じゃあ近くの人と『アンタ、大丈夫か？』と言い合いましょう」

子ども達同士の言葉のかけ合いを眺めながら、菊池先生が黒板の左端に〈目〉と書いた。

「素敵な目のA君が笑顔になるように、大きな拍手をしましょう」

みんなが大きな拍手をした。

ポイント①

最後列に座っていたA君は、前の時間の「ほめ言葉のシャワー」の間、ずっと黙り込んでいました。

一生懸命考えたために黙り込んでしまったのですが、この時間では気持ちを切り替えて、やる気の目になっていることがうかがえました。ですから、彼にスポットライトを当てても大丈夫だろうと判断し、みんなで学び合うために拍手をし合いました。


「今日は何枚かの写真を使った授業をしようと思います。写真を見て気づいたこと、思ったこと、何でもかまいません。後で発表してもらいますね」

菊池先生がみんなに声をかけた。３秒間、隣の人と相談した後、指名された縦2列の子が発表した。

・空が青い

「午前中の俳句の授業とつなげているんだね」

と菊池先生が声をかけると、発表した子はうれしそうに微笑んだ。

- 応援している
- 甲子園

先ほどスポットライトを当てたA君の番が来たが、少し考え込んでいるようだ。すかさず、菊池先生が、

「野球の応援だというのは、何となくわかる?」と尋ねると、A君がうなずき、「学生が応援している」と答えた。

すると、みんなが大きな拍手を送った。

- 甲子園で天理高校を応援している
- 楽しそう
- 一生懸命応援している

指名してほしくて、必死に菊池先生を見つめている真ん中の最前列の席の男子に気づくと、菊池先生は笑いながら、

「どうしても言いたい？」と尋ねた。男子が元気よくうなずいた。

・マスクをつけているから、コロナ中なのかな

聞いていた子ども達が、「おおっ」と声を上げた。菊池先生が発表した男子と握手しながら、「一人ひとり違う言葉で発表する。前の子の発言や午前中の授業、ほめ言葉のシャワー、いろんなことをつなげているんだね」と話すと、みんながにっこり笑った。

21対０の試合結果。やり過ぎか、これでいいか

全国高等学校野球選手権大会の応援席の写真を見せながら、「ここに横断幕があります。これをアップにしたのが……」と言いながら、菊池先生が新しい写真を見せた。

〈つなぐ心ひとつに　天理高校野球部〉

「視力に自信がある人？　天理高校の横断幕なんだけど、ここがなんか違うよね？」

菊池先生が問いかけると、みんながスローガンの下の小さな文字に目をこらした。

「〈生駒高校野球部一同〉と書いてあります。作ったのは生駒高校なんですね。天理高校と生駒高校は、奈良県の予選決勝戦で戦い、天理高校が勝ちました。そのときのスコアがこんなんだったんです」と説明しながらスコアボードの写真を見せると、〈21対0〉と掲示されている。

子ども達が思わず「えーっ⁉」「すごいっ」と声を上げた。

「県の決勝戦なのに、なぜこんなに差がついたのでしょう？　成長ノートに予想を書きましょう」

子ども達はさっとノートに向かった。30秒後、鉛筆を置くと、菊池先生が、

「今から自由に友達と交流するんだけど、5年2組は当然、一人ぼっちをつくらない。いろいろな人と意見を交換してノートに写し合って、どんどんノートに意見が増えていくと先生は予想しているんだけど、当たりそうですか？」と声をかけた。みんながうなずくと、

「じゃあ、自由に立って、意見を交換しましょう」と続けた。

子ども達はさっと席を立って、いろいろな友達と意見交換。30秒後、縦2列が意見を発表した。中に、

- まだ考え中です

と答えた子がいた。その子に対し、

「ぐるっと回ってくるから、誰の意見に近いか教えてね」と菊池先生が声をかけた。

ポイント②
すぐに答えられない子がいる場合、その場で無理に答えを引き出す必要はありません。「後で答えられたら答えてね」と一言声をかけ、最後に指名し直したり、他の問いかけの際に答えさせたり、〝挽回〟するチャンスを与えることで、発言できるようになっていきます。

- 天理高校が練習を頑張っていたから
- 天理高校が強かったから
- 団結力があったから
- 応援を頑張っていたから

「さっきの横断幕につなげていったんだね」と菊池先生が発言をほめ、「さっき、『マスクをしているから』と、カタカナ3文字を発表してくれた彼の言葉を、聞いていて覚えていて言える人？」と尋ねた。

大勢の子が手を挙げた。

「じゃあ、彼にもう1回言ってもらいましょう。さっき何て言ったんだっけ？」

「『コロナ』です」

「そうです。大きな拍手！」

みんなが大きな拍手を送った。

「生駒高校の選手は、決勝戦の直前にコロナに感染して、ベンチに入れる20人のうち、12人が出場できなくなりました。ピッチャーも試合で初めて投げる選手しか残っていなくて、こんな結果になったんですね」

菊池先生の説明に、「そうだったのかあ」「しょうがないね」とつぶやく子ども達。

「レギュラー選手が出られないうえに、実力がある天理高校との対戦。試合での天理高校は、『やり過ぎだろう』か。それとも『これでいい』のか。〈や〉〈こ〉のどっちか、意見を書きましょう」

菊池先生の問いかけに、子ども達は静まり返り、考え込んだ。

自分らしさが発揮できている教室では、話し合いの人数比を考慮しない

子ども達が選んだ結果は、「やり過ぎ」4人、「これでいい」11人となった。

菊池先生が、「選んだら、次は当然、理由ですね」と言いながら、黒板の左端に書かれた言葉（価値語）、〈自分らしさ〉〈違いを楽しむ〉を指すと、子ども達はノートに理由を書き込んだ。

一人ひとりが理由を書いたところで、まずは同じ意見同士で作戦会議。〈これでいい派〉は、3～4人の少人数グループに分かれ、意見を交換した。

作戦会議中、菊池先生が〈やり過ぎ派〉の子ども達に対し、「人数が少ないけど負けるなよ。今、ぱっと見たら、〈これでいい派〉の理由は大したことがなかったから」と笑いながら話すと、4人もつられて笑った。

ポイント③

話し合いにおいて人数に偏りが生じた場合、私はよく「誰か散歩に行く（異なる意見の立場に変更する）人はいますか？」と問います。

しかし、2組の場合、一人ひとりが聞き合い、考え合ったことをもとに意見を出し合い、自分らしさを発揮できている印象を受けたので、人数比を考慮しなくてもよいと判断しました。たとえ少人数でも意見を戦わせることができるかどうかが、話し合いのレベルを上げるポイントの1つです。

菊池先生が、

「今、オンラインの二人は、『やり過ぎ』の意見みたいだよ」と、インフルエンザで欠席したクラスメートの立場を説明すると、〈やり過ぎ派〉の子たちがにっこり笑った。

教師がディベートを操縦すると、子ども達が手順を学べない

作戦会議から2分後、そのままの立ち位置で意見を発表した。

〈やり過ぎ派〉

- もうちょっと手加減したらいいのに
- コロナで出られなくなったんだから
- いつも試合に出ている選手とは、練習の厳しさが違うから
- コロナにかかって出られなかったら、試合を少し遅らせてくれてもいいのに

菊池先生が、「なるほど。高野連に言っておきますね」と言うと、みんなが笑った。

続いて、「〈これでいい派〉の人、言いたいことがあるで……」と菊池先生が話している途中で、

一人の男子がぱっと素早く手を挙げ、さっと引っ込めた。菊池先生が、「君のスピード、いいね。もう1回見せてもらっていい？」と〝時間を巻き戻し〟、笑いながら同じ質問を繰り返すと、その男子はまたぱっと手を挙げた。

「じゃあどうぞ」と菊池先生に指名された男子から順に答えた。

〈これでいい派〉

- こういうことを経験して強くなる
- やり過ぎだったとしても、天理高校も甲子園に出たいんだから、なぜ手抜きをしないといけないのか
- これからがかかっている勝負だから
- お互いに頑張っているから
- 天理高校も勝負だから
- 初めての試合で経験になる

菊池先生が、「こういう意見が出たけれど、言い返す？」

と〈やり過ぎ派〉に尋ねると、子ども達が答えた。

・頑張っているけれど、さすがにコロナで休んだ選手が12人もいるから

続いて、〈これでいい派〉が反論。

・天理もみんな頑張ったから
・プロ野球選手はそんなに簡単にプロになったわけじゃない。ダメだった経験も積み重ねながら強くなっていく

ポイント④

書いていなくても話せると判断したので、反論させました。さらに上のレベルへ進めていく場合は、ディベートの手順を学ばせる必要があります。そのためには、まず教師自身がディベートを学ぶことが不可欠です。

ディベートは、どのような手順で話し合いを進めていけばいいのか、話し合いの筋道が決

まっています。今は質問するとき、今は反論するとき、と手順がわかっていれば、質問のときに反論したりといった場違いな発言は出ません。

しかし、子ども達にディベートの経験がない場合、話し合いの進行をリードするのは、教師一人です。教師が子ども達のディベートを操縦してしまうと、子ども達は先の手順を知らないまま、話し合いを続けることになります。どういう手順で話し合いをするのかわからないから、子ども達は質問と反論を分けずに発言してしまうのです。

人の意見を聞いているからこそ、違う言葉で発表しようとする

意見を出し合い、子ども達が自分の席に戻ると、菊池先生が新たな写真を見せた。

「9回表、生駒高校がツーアウトになり、あと一人となったときに、天理高校の選手がマウンドに集まって話し合っています。このとき天理高校の選手はどんなことを話し合っていたでしょうか？　完全に予想ですね」

再び、子ども達は真剣な表情でノートに書き込んだ。

30秒後、友達と1分間意見交換し、席に戻った。

「『何か書いたぞ』と言う人は手を挙げてください」

さっと手を挙げた7人が発表した。

- 油断することなく作戦を話し合っている
- かわいそうだな
- 確実に勝つための相談
- 勝負なんだから最後までやろう
- ゲームセットまで何が起こるかわからないから、手を抜かないで最後までやろう
- 油断しないように
- 最後に点を取られないようにしよう

菊池先生が最後に発表した女子のノートを手に取り、

「今、彼女はノートに書いていないことを発表しました。いろいろな人の意見を聞いているから、人と同じことを言わないようにしようとしたんだね。拍手を送るしかないなあ」

みんなが大きな拍手を送った。

「生駒高校のレギュラー選手が12人も出られなかったから、明らかに勝負はついていました。だ

から、天理高校の選手達は『勝っても派手に喜ぶのはやめよう。さっと整列しよう』と話し合っていたそうです。監督も手を抜くのは相手に失礼だから、『全力で勝負しよう』と話し、選手達も全力で戦った。でも、派手に喜ぶのはやめようとなった。この気持ちを受け取った生駒高校の選手達は、甲子園大会で天理高校の応援に行ったそうです」

菊池先生がそう話すと、さらに新しい写真を見せた。

すべて子ども達に選択させる発問で

菊池先生は、高校野球の選手達が並んだ新しい写真を見せながら、「『何かおかしい、不思議だな』と思いませんか？　気づいた人？」と問いかけた。手を挙げた４人が発表した。

- 背番号１が二人いる
- 靴下の色が違う
- 敵同士が喜んでいる
- 両方の高校が喜んでいる

「そうです。甲子園が終わった後、『引退した三年生のベストメンバーでもう1回試合をしよう』と、天理高校と生駒高校は再び対戦しました。どっちが勝ったと思う？」

子ども達が口々に、「天理高校？」「生駒？」とつぶやいた。

菊池先生が、

「3対2で、このときも天理高校が勝ちましたが、試合中にホームランを打った天理高校の選手と生駒高校のキャッチャーがハイタッチをしたんです」と次の写真を見せた。

菊池先生は続けて、

「そんな生駒高校が天理高校に送った言葉が……」と言いながら、授業冒頭に黒板に書いた横断幕の言葉を指した。

〈つなぐ心ひとつ〉

「この〈心〉は、どんな心のことを言っているのでしょうか？　これも一人ひとり違っていいんだよね。ノートに書きましょう」

子ども達が真剣な表情でノートに書き込んだ。

「話し合い3回め。今度は1つだけじゃなく、2つ3つ書いて戻っ

てくるんだよね？　では、話し合いましょう」

話し合いの途中で、菊池先生が声をかけた。

「後で発表してもらうけど、どうしてそう考えたのか、理由を聞かれるはずだよね？　ということは、当然、理由も話し合っているんだよね？」

さっきより、子ども達がより詳しく、深く話し合うようになった。

ポイント⑤

私の授業を見て、ある先生が「菊池の発問はすべて子ども達に選択させている」と分析しました。「〇〇しなさい」ではなく、「〇〇でしょう」「〇〇するはずですよね」と。

2022年に改訂された生徒指導提要では、生徒指導の実践上の視点として、①自己存在感の感受、②共感的な人間関係の育成、③自己決定の場の提供、④安全・安心な風土の醸成の4つの機能を掲げています。

この授業での発問は、授業の中で常に③の自己決定の場の提供を試みているものです。

「少人数のグループならば、自分の意見が言いやすい。みんなの前で発表する練習になる」という意見をよく耳にします。

しかし、年度初めの段階においては、座席が決まっているペアやグループよりも、自由に立ち上がって意見を交わすほうが、自分の親しい友達のところに行けるので、より安心して自分の意見が言えるのではないでしょうか。

それを積み重ね、繰り返していくことで、学級の関係性と発言内容の質を高めていく次のステップにつながっていきます。

自由な立ち歩きによる交流は、①自ら体を動かすので、学びに向かう積極的な意識が高まる、②「一人ぼっちをつくらない」という教師の指示で仲間意識が高まる、というメリットがあります。

「仲のいい同士で話す」「同性同士で話す」「一人ぼっちができる」というデメリットは、教師の言葉かけでなくしていけばいいのです。

活動後に、「活動しておもしろかった」というレベルで終わらせないためには、ディベート的な話し合いを経験させることが必要です。

議論をつくったりかみ合わせたりする経験により、議論の質を高め、人と論を区別して、チームで協力し合うことで、関係性が深まる。

交流すること自体を目的とするのではなく、その先を見据えることが大切です。

教師自身の心が動かされた〝事実〟を教材に

1分間意見交換をした後、そのままの位置で発表。

- つなぐ心……天理も生駒も負けても勝ってもつながっている
- 勝負の心……諦めずに最後まで2つの高校とも頑張った
- 諦めない心……生駒が天理に勝負を挑むことは、諦めない心があるから
- 仲間の心……最後はみんなで喜んでいる
- 感謝の心……ありがとうという気持ちをもっている
- 思いやりの心……勝っても負けても一緒に喜んでいる
- 勝負の心……何事も弾き飛ばす力

オンラインで参加していた友達も発表し、教室のみんなが拍手を送った。

「〈つなぐ〉は天理高校の、〈心ひとつ〉は、生駒高校の学校目標だそうです。これを1つにして、みんなが今言ってくれたような思いで、勝った天理高校に対し、生駒高校の生徒がつくった言葉

で応援したんです」

みんなが自分の席に戻った。

「先生は、〈お互いに尊敬する心〉だろうと思います。勝ち負けを超えて、お互いを尊敬する。『敬意を表する』というんだけどね、２つのチームは敬意を強く感じて、そういうつながりをつくったのだと先生は思います」

菊池先生がさらに続けた。

「これからみんなもいろいろなことに熱中することでしょう。でも、お互いに相手がいないと何もできません。これからも尊敬し合い、一緒に学び合う友達とともに成長してください」

菊池先生がそう授業を締めくくると、子ども達が納得した表情でうなずいた。

ポイント⑥

道徳で教科書教材を扱う場合、授業そのものが、どうしても〝借り物〟になりがちです。教師が価値項目にあった説話をしても、形式的になってしまい、子ども達にはあまり響かないように感じています。

それよりも、教師自身の心が動かされた〝事実〟を羅列していきながら、子どもと一緒に学びを通して伝えていくほうが、より響くように感じます。

■菊池省三自身による授業解説

〝問題がある子〟に対応する際、「なんとかして拾いあげよう」とするあまり、ハードルを下げて、甘い対応になってしまうことがあります。

学級の人間関係ができている時期であれば、教師が考えるゴールイメージに導くために、その子にも、学級全員にも、もっと負荷をかけてもいいのではないでしょうか。

A君の目を見たとき、「頑張ろう」としている様子がうかがえました。彼を指名するか、指名しないか。私は、こういうときこそ、彼がいる列を指名したいと思います。

もし彼が発言できなくても、教師がフォローし、友達同士でフォローし合うようにすればいいだけの話です。腫れ物に触るようにして、彼を指名しないことは、彼を排除することと同じです。それでは、彼も周りの子も育ちません。〝思いやり〟として指名しないことが、かえって成長を妨げるのです。教師の覚悟が試される場面です。

AかBか、２択の問題の場合、大人は「多分こういうことだろう」と忖度します。

小学生は、自分の価値基準でどちらかを決めます。そこには、本人の価値観が出てきます。これはとても重要なことです。

自分の価値基準に基づいて意見を決めるのは、とても難しいことです。幼いレベルにとどまっている学級の子ども達は、「多分こっちかな」と周りをうかがい、自分の価値観を隠し、多数派の意見に流されます。その結果、集団の負の凝集性が高まり、なかなか意見を変えることができません。

一方、それぞれが自分らしさを発揮しているクラスでは、たとえ同意見の人数が少なくても忖度せず、マイナスの凝集性が高まることはありません。「私は私」「あなたはあなた」と、お互いを認め合い、一緒に話し合って深めようという考えになっていきます。

心理的安全性が高まり、子ども達の関係性の質が上がると、健全な話し合いができるようになります。2択の話し合いにおける意見の分かれ方1つを見ても、学級の質の〝今〟が如実に表れるのです。

写真資料を伴う授業を行う場合、教材そのものの力が大きな鍵を握ることは言うまでもありません。私が教材を選ぶ基準は、ニュースや書物などを通して、私自身が心を動かされた内容であること。「これはすごい」と思うと同時に、「どうしてこの人はこう言ったんだろう」「この結果で本当によかったのか」と感じたことが、授業の中の〝答えが分裂する問い〟の中心になっています。

対話・コミュニケーションの授業には、〝答えが分裂する問い〟が欠かせません。

そのメインの話し合いをより強くするために、マクロからミクロに、抽象から具象にといったように、メインの話し合いの前後の内容を肉付けしていきます。

そこにいくつかの発問を入れ、個人で考えさせ、交流して他者の意見も知るよう促す。資料↓発問↓個人作業↓交流を通して核となるテーマを考えさせ、最後に強いメッセージを伝えていく授業展開になります。その中に、自己選択の場面や学び合う仕掛け、ほめて認める言葉かけを入れ、学び合いの質を高めていくのです。

「この写真を見て気づいたこと、思ったことはありますか？」。菊池先生が写真を見せると、子ども達の視線は写真に集中した。

インフルエンザでオンライン参加になったクラスメートも話し合いに参加し、学級全体で学んだ。

菊池省三自ら解説！「考え合う」授業レポート④

千葉県鎌ケ谷市立初富小学校5年1組（2024年2月）

〝世界一に挑む〟と子ども達をあおる

「お久しぶりです！」

菊池先生が教室に入るなり、子ども達は大きな拍手とスタンディングオベーションで迎えた。

「今の2倍の笑顔と拍手で、もう1回迎えてもらっていいですか？」と菊池先生が子ども達をあおると、みんな大乗り気で拍手をやり直した。

「落ち着くときは落ち着く。盛り上がるときは盛り上がる。公の場にふさわしいみんなの行動や態度、仕草、言葉の使い方ができる。すごいことですね」

菊池先生が、黒板の左端に〈公の言葉〉と書きながら、子ども達をほめた。

「担任の先生から『5年1組は世界一を目指している』と聞いたので……」と言いながら、〈世界一に挑む〉と書き加えた。そして、「挑む」という字を指さしながら子ども達に尋ねた。

「読める人？　３秒間だけ、隣の人と『あんた本当に読めるか？』と言い合いましょう」

３秒後、菊池先生が最後列の子を指名した。

「教室入り口のウェルカムボードに、『聞くではなく聴く』と書いてありました。まだ授業が始まったばかりでも堂々と手を挙げる。ドキドキ感に負けずに言おうとしているあなたの気持ちの部分も、みんなは〝聴く〟から、拍手の準備をしているんだ。だから世界一を目指せるんだね」

「いどむ、です」

「正解です。では、挑む人はやる気の姿勢を見せましょう」

菊池先生の声かけに、子ども達がぴしっと背筋を伸ばした。

ポイント①

「世界一」とあおることで、授業の質を高め、学びを加速させていくことをねらいました。

いくつもの問いかけに、自分らしさあふれる答えが

菊池先生がＡ４判の白紙を全員に配ってから、黒板に書いた。

〈3・22〉

「これは、何の数字でしょうか？」

菊池先生が尋ねると、挙手した3人が答えた。

- すごい人と真ん中の人と苦手な人の割合
- 5年生最後の日
- 一人ひとりの気持ちの強さ

「先生が考えていたのは、2番目に発表してくれたことです。聞いていて覚えていて言える人？」

菊池先生が聞くと、多くの子が手を挙げた。

「そう、みなさんの5年生最後の日。3月22日が修了式です。こんなふうにいろいろと聞いていきますね」

菊池先生はそう説明すると、スキップしながら最前列の男子のところに行き、笑顔で尋ねた。

「しょうもないことを聞いてもいい？『あなたは何ですか？』と聞いたら、みんなは何と答えますか」

みんな大笑いした。

ポイント②

固い空気の教室で固苦しく問いかけても、子ども達は答えません。スキップをしたり、笑いながら問いかけたり、教師が自ら自由な雰囲気をつくることで、子ども達に笑顔があふれ、「何を答えても大丈夫そうだ」というやわらかい空気が生まれます。

こうした微細なパフォーマンスを常に意識することも大切です。

3秒間、隣の人と意見を交換し、縦列の子が発表した。

- 自分は自分
- 人間
- 女の人
- 動物

菊池先生が2番目の答えを言った子のところに行きながら、

「先生が考えていたのは、彼が言ったことだけど、何て言ったか……」

言い終わる前に、全員が勢いよく手を挙げた。

「人間です」

指名された子が発表すると、菊池先生が、

「そうですね。じゃあ、もう1つ聞いていい？『あなたはどこにいますか』と聞かれたらどう答えますか？」とさらに尋ねた。

指名された縦列の子達が答えた。

- 地球
- 千葉県鎌ケ谷市初富小学校の5年1組
- 教室
- 日本
- 惑星

さらに、菊池先生が地球の写真を見せた。

「地球には、人間以外の生き物がどれぐらいいるのでしょう。当てずっぽうでいいから、3秒間隣の人と予想し合いましょう」

・1億
・1500
・100兆
・2000億
・1兆
・2億
・322種類

菊池先生が最後の回答の子に、

「おお、さっきの３・22とつないだんだね。そのように表現できる教室はいいね。先生にとって、新しい学びになりました」と話しかけた。

ポイント③
最初に書いたことと結びつけ、深読みした子の発想に驚かされ、素直な私の気持ちをみん

なに話しました。

ともすれば教師は、自分が意図したこと以外の発言をした子を無視してしまうことがあります。その子らしい視点が感じられるこうした発言は大いに認め、ほめましょう。


「わかっているだけで175万種、わかっていないものも含めると300万〜500万種いると言われています。地球上にはいろんな種類の生き物がいますが、人間にしかできないこと、他の生き物にはできないことはどんなことでしょうか」

菊池先生が問いかけると、子ども達の表情が真剣になった。

自由起立発表で、次々に意見を発表

菊池先生が尋ねた後、黒板の左端に次のように書いた。

〈一人ひとり違っていい〉

子ども達は素早く鉛筆を動かし、「3個できました」「5個書きました」と次々に声を上げた。

1分後、友達と意見交換タイム。

「今から自由に友達と写し合ったり、ひらめいたことを書き加えてもらおうと思います。多くの教室では、話し合いのとき、一人ぼっちをつくったり、『こっちにおいでよ』と誘えなかったり、男女別々に集まって話したり、決まった友達だけで集まったりしがちです。よくて、そういうことを克服しようというレベルで止まってしまっています。みなさんはそういう問題をもう全部克服しているようだから、一歩上の、『自分と同じ意見の人は誰かな』『自分と違う考えの友達に聞きたいな』と、意見交換の相手を探していく学級だと先生は考えていますが、先生の予想は当たりそうかな？」

菊池先生が尋ねると、みんながうなずいた。２分間の意見交換では、菊池先生の〝予想通り〟、いろいろな友達と話し合う姿が見られた。

「せっかくなので、自由起立発表を見せてもらいたいな」

菊池先生が声をかけるやいなや、何人かがすっと席を立ち、次々に発表した。

- 人工雪を作れる
- 何かを書く
- 車を運転する
- 心の成長
- しゃべる

・おしゃべり
・コミュニケーションを取る
・文字を読む
・空気を読む
・自分で考えて行動する
・共感し合う
・感情をコントロールする
・モノを作る
・価値語を書く
・火をつける
・火を使える

「ほお」「なるほど」「いいことを言うね」と菊池先生は相づちを打ったり、「君は生まれてすぐに車を運転できるんだなあ」と突っ込みを入れたりしながら、順番に子ども達の意見を聞い

ていった。

ポイント④

「どんな意見を言ってもいい」という心理的安全性が高まると、子ども達は発表することをためらわなくなります。

多様な意見が出るようになったら、教師指名から、子ども主導の自由起立発表に移行していきましょう。

自由起立発表は、「自分が次に話す」というリーチをかけて発表し、次の子がまたリーチをかけて発表を繰り返します。中には、流れるような発表形式にこだわり過ぎている教師もいますが、私はそこに重点を置いていません。

流れるように発表することを第一目標に掲げると、結局は〝型〟を重視した教師主導になってしまいがちだからです。

自由起立発表は、自律的な発言に持っていくための指導の1つに過ぎません。

自由起立発表には、自分の意見を自ら発表する側面と、人の発表する意見を聞く側面があります。

「あまり発表しない子が話そうとしたら、その子を優先する」「さっきの子は自分の意見と似ている内容の発言をしたから、自分は異なる意見を述べる」。

そういう気づかいのルールが自然に生まれてきます。

これこそが、自由起立発表の醍醐味です。みんなで聞き合える、話し合える自信と安心感が、グループの話し合いに活かされるのです。

自分の頭で聞き比べ、考える教室を目指して

菊池先生が、新たな写真を提示した。

「どこかわかりますか？　これは、２０２４年1月1日に起きた能登半島地震の際、地震で崩壊した家へ救援に行った自衛隊の活動の写真です。みんなもニュースで見て知っているのではないかな？　ヘルメットを見ると、〝千葉県〟と書いてあります。ここ千葉県からも救助に行って、一生懸命、命を助けようとしているんだね。こういう災害のときに、こんな仕事をしている人について、みなさんはどう思いますか？」

真剣な表情で書き込む子ども達の鉛筆の音だけが教室に静かに響いた。

1分後、鉛筆を置くと、菊池先生がみんなに話しかけた。

「さっき、友達の意見を書き加えるとき、赤ペンで書いている人がいました。鉛筆は自分が頑張って考えた証、赤ペンは友達と協力して教え合った証。次の意見交換では、『どうしてそう思ったの？』と、詳しく掘り下げていく対話になって、赤ペンの書き込みもちょっと変わるんじゃないかと予想しているんだけど、どう思う？」

みんなが大きくうなずいた。

２回めの話し合いでは、１回めよりさらにいろいろな友達と意見を交換し、赤ペンで紙に書き込んでいく子ども達の姿が見られた。

「それでは、とっておきの１つを発表してください」

意見交換後、そのままの位置で発表した。

ポイント⑤

自分の意見を言える子ども達だったので、あえて負荷をかけ、意見交換の内容や赤ペンの意味を考えさせる言葉かけをし、そのままの位置で意見を発表する形に変えました。

このような発表の際、発表している子に体を向けず、ぐにゃぐにゃとしている子が何人もいる教室があります。

話し合う、聞き合うための学びが不十分だからです。今回の５年１組の子ども達は、学び合う体のしっかりした芯を感じることができました。

・心のダイヤモンドが輝いている、自分で磨いている
・自分軸にしている
・一人のために
（例えば、一軒家に住んでいてそれが潰れても、一人が助けるのではなく、大人数で助けに行っている）

ジェスチャーを交えて熱心に話す子に対し、菊池先生が、「『手にも物を言わせましょう』の勢いで発表してくれました。大きな拍手！」と言うと、教室の場が一気に盛り上がった。発表は続く。

・何事も自分事の人
（助けに行くというのは、人の思いを自分も感じているから。何事もその人のことを考え、自分事にしている）

・尊敬した
（人を助けるのは、自分の命をかけることだし、自分も死ぬ気で助けようとしているから）
・人を助けるという思いがあってすごいと思う
・地震はいつ来るかわからないから怖い
・自分の弱い心に負けない
（「怖い」「面倒くさい」という気持ちが、助けたい気持ちに負けると、やる気がなくなってしまうから）

ポイント⑥

ぼやっとした意見や抽象的な意見が出た場合、教師が「例えば？」「もっと詳しく話して」と声をかけ、子どもの意見をもっと深めていくことが大切です。

それを何度か繰り返すうちに、子ども自ら「例えば○○のように、△△だと思う」「□□だと思う。なぜなら……」と発表できるようになっていきます。

突飛な行動を取った子どもをリフレーミングして認める

発表後、子ども達が自分の席に戻ると、菊池先生が、さらに次の写真を見せた。

「警察官がいろいろなところをパトロールして被災者から話を聞いている写真です。なぜ見回りをするんでしょうか？　予想で言える人？」

菊池先生が話し終える前に、二人の男子がフライングでさっと立ち上がった。菊池先生が、「スピード違反だなあ」と言うと、みんな大笑い。

挙手して指名された４人とフライングの二人が発表した。

ポイント⑦

フライングの二人は積極的に立ち上がって発表しようとしました。

教室の人間関係が未熟だと「また、あの子か」と冷たい空気になりますが、周りの子ども達も二人を受け入れ、笑顔だったので指名しました。

突飛な行動を取る無邪気な子どもに対しては、「フライングだぞ」「スピード違反だな」などとリフレーミングして認めることも大切です。

発言が苦手な教室、重い雰囲気の教室の場合は、列指名等で何人もの子どもに発表させ、表現を引き出すようにします。

一方、空気が温まっている教室の場合、発表者の人数にこだわる必要はありません。挙手していなくてもそれぞれが考えをもっているはずだからです。話し合いは、発表し合うことではなく、むしろ聞き合うこと。聞き合い、考え合うことです。

- 情報を集めに行っている
- ボランティアに紛れてお金を盗む人がいるから、泥棒を捕まえるため
- 金銭が取られないよう、警戒する
- 人の命がかかっているから、「少しでも助かることにつながるなら」と見回っている
- 同じ日本人として、仲間として助けないわけにはいかない　等

「どれも当てはまっているけれど、〝スピード違反〟の君が言ってくれたことなんです。被災した家に行って、ものを盗んだり、『修理する』と言って法外な金額を要求する詐欺が出たりしたので、パトロールをしているんですね」と菊池先生が説明した。

学び合う関係性ができている子ども達に、あえて負荷をかける

「同じ地球上の人間。救助している人には〝ある〟けれど、盗んだりだましたりして取り締まらなければならない人には〝ない〟。何が違うんだろうか。ズバッと紙に書きましょう」

子ども達はすぐに鉛筆をもち、真剣な表情で書き込んだ。

1分後、菊池先生が次の話し合いに向けて言葉をかけた。

「みんなが同じ教室で学び合ってほぼ1年経つね。みんなで学び合う関係性ができているから、きっと『今の問いは、あの友達のところに行って対話しよう』と考えているよね。楽しみだなあ」

菊池先生の言葉かけに、みんながうなずいた。

「さすが世界一に挑んでいる学級だね。じゃあ、そんな友達のところに行って対話しましょう」

子ども達は勢いよく席を立ち、1分間意見交換。1対1で話していた子の周りに他の子が加わり、自然に数人が一緒に意見を出し合う場面も見られた。席に戻ると、自由起立で次々発表。

- 悪いことをする人は、大変な思いをしている人の心を理解することができない
- 欲望に負けてしまう心

- 自分のことだけを考えている
- 人のことを考える心がない
- 優しい心がない
- 人の心がない
- 自分のことしか思っていない
- 相手の気持ちになれない
- 人が悲しむ姿を見たことがない
- 感じ方が違う
- 不安がない

最後の発言を受けて、

「『大変なことをしている』という不安がないということかな？」と菊池先生が尋ねると、発表した子がうなずいた。「発想がめちゃいいね」とほめると、その子はにっこり笑った。

- 他己中《たこちゅう》がない
- 人の苦しみや悲しみがわからない

・超一流の心がない

菊池先生が、

「超一流の心ってどんなこと？」と尋ねると、「他人の気持ちを理解する、小さいことでも人のためになればいいな、と思う心がないということです」と発表した子が答えた。

「一人ひとりの違いを認め合う教室は、その人なりの発想を出し合って、『すごいな』『おもしろいな』と感じ合うことができるんですね」と菊池先生がほめると、みんなが大きく拍手した。

ポイント⑧

その子らしさ、ユニークさを意味づけ・価値づけすることが大切です。キャラが立つことは一人ひとりの「らしさ」が出ているということ。教師は、年間を通してその視点を意識しましょう。

菊池先生が、「今、みんなが考えてくれたことは、〈○○力〉がない

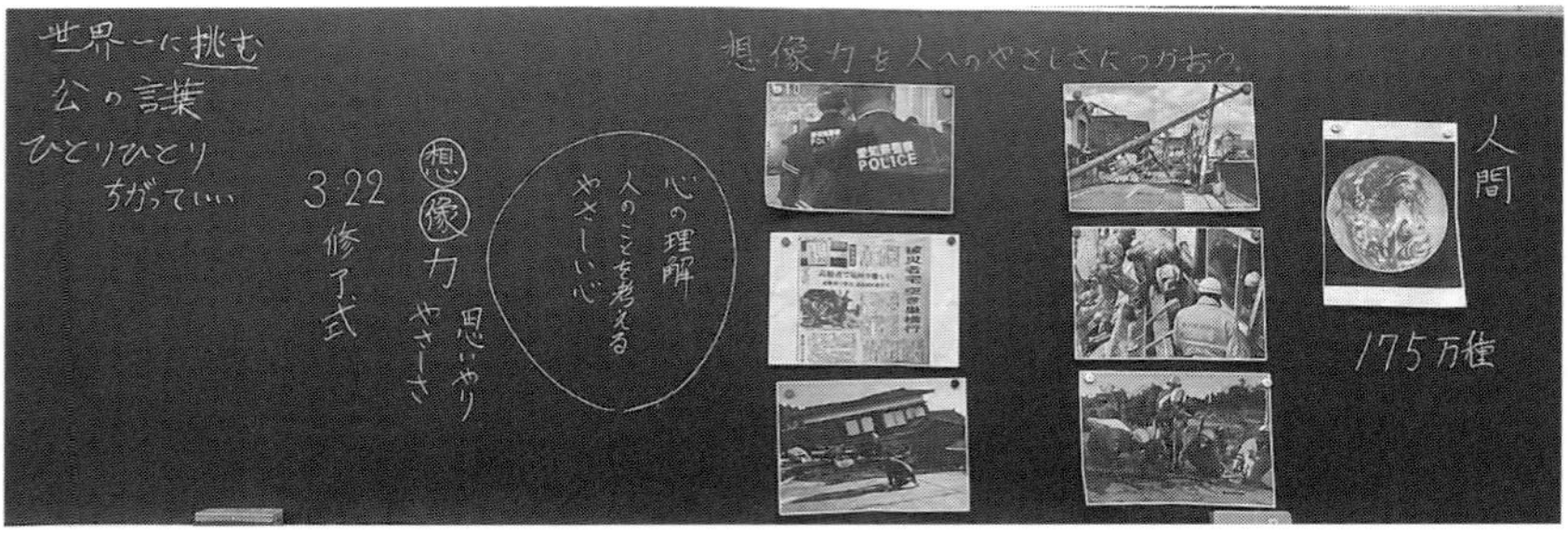

からじゃないかと思います」と言いながら、黒板に、〈想○力〉と書くと、最前列の女子が「あぁっ」とつぶやき、思わず手を挙げ、発表した。

「想像力です」

「そうです。想像するというのは、相手への思いやり・優しさです。前者は、想像力を人への優しさに使おうとする。後者はそういう想像力がないからじゃないでしょうか」と菊池先生が話し、黒板に書いた。

〈想像力を人へのやさしさにつかおう〉

「これが、地球上の他の生き物と比べて、人間ができることの1つではないかと思います。そして、この学級でも、３・22に向かって大事にしてきたことだと思います。4月から新しい学年になったら、想像力を、もっと人への優しさに使ってほしいと思います」

もうすぐ最上級生になるみんなに向けて、菊池先生がエールを送った。

ポイント⑨

救助している人は優しい。泥棒は悪い。尊さと卑劣さ、同じ人間としての違いはどこにあるのか、子ども達をドキッとさせ、より大きな視野で捉えさせたいと考えました。

このような話は、教科書教材では、救助する人達にスポットライトを当て、いい話だけを切り取って紹介することがほとんどです。

しかしこの授業では、救助と火事場泥棒という対極を示して考えさせることで、子ども達の心により深く落としていきたいと思いました。より強いメッセージを伝えるため、〈地球の生き物〉というマクロな視点から、〈人間と他の生き物との違い〉という比較する視点を出し、人の心について考えさせていく展開にしました。

■菊池省三自身による授業解説

子ども達をあおることには、2つの意味があります。

1つは、私と子ども達のかかわり方、子ども同士のかかわり方を意識したもの、もう1つは授業の質を高めるためのものです。

飛び込みで特別授業を行うとき、あおりの多くは前者が目的になります。初めて出会う子ども達であり、教室の雰囲気もわからないからです。

授業のスピードを上げ、望ましい方向にみんなで向かうため、授業が始まるとすぐにあおり、教室の空気を一気に温めていきます。

今回の5年1組の場合、２０２３年12月に1度授業を参観していたこともあり、授業が始まる前から既に熱気に包まれていることがわかりました。

授業前、廊下で待機しているときに見ていると、手を上に伸ばして拍手をしようと構えている子、興奮気味に身を乗り出したり立ち上がったりしている子、テンションが上がり過ぎた子を落ち着かせようと「静かにしようよ」と声をかける子、それに素直に応じる子……子ども同士の信頼関係ができていることがうかがえました。

また、階段や教室に貼られた子ども達が書いた価値語のポスター、教室前に掲示されたウェルカムボードからも、みんなで学び合おうという様子が伝わってきました。

かかわり方は既にできあがっていると判断し、授業の質を高めるために、あえて「世界一に挑む」とあおるようにしました。

多くの教室では、授業の中で、子ども達が自覚的に意見を述べる場面は少ないのではないでしょうか。発言は教師の指名があったときのみで、子ども達が話し合いの本質を自覚することはほとんどないでしょう。

「今は意見を言うとき」「今は質問するとき」「今は反論するとき」と、子ども達が自覚的に考える教室をつくりたいと思います。

教師の解説を黙って聞いて、「はい、あなた」と教師に指名されたから発表するだけでなく、自分の頭で聞き比べ、考える教室。そこにもって行きたい気持ちがあるので、「他の子と同じ意見はないよね」とあおったり、「もっと詳しく話して」と説明させたりする言葉かけをしています。教師にそうした視点がないと、子ども達の話し合いは、教師が操作するレベルで終わってしまいます。

話し合いを通して、「子ども同士の関係性がよくなる」ところまで到達しても、話し合いの質がそこで止まってしまい、それ以上にレベルアップしないのは、子ども達一人ひとりが話し合いの流れを自覚していないからです。

今、自分は「発言するとき」なのか、「質問するとき」なのか、「反論するとき」なのかを子ども達が自覚することで、「誰に言うべきか」「誰の意見を聞くべきか」を自ら意識できるようになっていきます。

以前受けもっていた学級で、「話し合いを通して、難しいことが楽しいと思えるようになった」と話した子がいました。正解を覚えるのは楽だけど、正解について考え続けることは難しい。それを楽しいと思えるのは、話し合いを通していろいろな考え方を知り、学びが自分の血となり肉となっていくからです。

話し合いには、かかわり合いの質と対話の内容の質、２つの質があります。

かかわり合いの質を向上させようと考えるとき、「一人ぼっちをつくらない」「男女関係なく誰とでも話す」など、マイナスをプラスにすることに目が向きがちですが、さらに「誰に意見を聞きたいか」という言葉をかけることで、かかわり合いの質を高め、結果的に対話の質を上げていくことが大切です。

「誰にどんな考えを聞きたいか」「なぜそう考えたのか」「私はこう思うがあなたはどう思うか」。こうした言葉のやりとりが話し合いの幅を広げていきます。

相手の意見を聞いて自分の意見を磨き、自分の意見をわかりやすく説明する中で自分自身の考えを整理していくことで、内容の質は高まっていきます。

子ども達が自覚的に、内容の質を高める話し合いを目指すようになるためには、ディベートのような話し合いの型を学び、経験することが必要です。

あとがき

北九州市の公立小学校教員を退職し、〝教育実践研究家〟として、全国の学校で飛び込み授業を始めてからちょうど10年が経ちます。先日、何気なく数えてみたら、３０００回以上でした。おそらく日本一、飛び込み授業をしているのではないでしょうか。

飛び込み授業のほとんどは、初めて出会う子ども達との授業です。このとき、私が一番大切にしているのは、教室の空気づくりです。「どんな先生なのかな」「どんな授業をするんだろう」と期待と不安でいっぱいの子ども達に、まず、元気いっぱいの挨拶や拍手を促したり、笑いをとったりして緊張感を解きほぐしていきます。

続いて、みんなで学ぶためのルールや姿勢、授業で学んでほしいことなど、この授業で目指すことを黒板の左端に書いていきます。黒板に残しておくことで、授業中、子ども達に常に意識させたいからです。最も多いのは、「やる気の姿勢」「切り替えスピード」「えがお」「一人ひとり違っていい」など、非言語の内容です。日常の授業ではほとんど意識していないであろう非言語を意識させることは、子ども達にとっても担任にとっても新鮮に感じるようです。

授業の冒頭で、「楽しそうだ」「何を言ってもいい」という安心感を子ども達に与え、温かい雰囲気をつくっていくことで、私と子ども達の信頼関係を築くのです。

雑談や会話を通してお互いを認め合い、対話・話し合いでより学びを広げ、深めていく。そのためには、温かい空気の教室づくりが土台として必要になります。中でも、ここ数年「聞き合う」ことの重要さを実感しています。

自分の意見を押しつけ、納得いかないとむくれたり、他の子の発言には関心をもたず無表情だったり……。いわゆる〝学力が高い〟と言われている学校も例外ではなく、そうした子ども達が増えています。そういう子どもを目の当たりにする度、「聞き合う」指導のあり方について改めて考えさせられました。

子どもの発言をどう捉え、活かすか。授業においては、教師の解釈が大きく影響します。正解だけを取り上げるのか、不正解や誤答にも意味を持たせるのか——その解釈は、必ず教師の評価（視点）に左右されるからです。

正解を導くことを目標とした「話し合い」は、単に「聞く」「話す」を繰り返す活動になります。当然、指導も「静かに聞きなさい」と、〝じつけ〟レベルのものが中心になっていくでしょう。

一方、さまざまな意見を出し合う「話し合い」は、多様な考えを知り、お互いを認め合う、豊かな「学び合い」の場になっていきます。

こうした「学び合い」のキモになるのが、「聞き合う」ことです。

「聞き合う」ことは、相手軸に立つことです。相手が話しているときは静かに聞くのも、相手に体を向けるのも、うなずくのも、すべて相手軸に立って聞くことなのです。同じ「静かに聞く」ことでも、「正解を導くことを目標とした授業」と「多様な意見を出し合う話し合い、学び合いの授業」とでは全く意味が異なります。

「聞き合う」ためには、相手の発言を真っ向から否定せず、その子の置かれた環境や経験など、背景まで感じ取ろうとする姿勢が大切です。その子の発言を「不正解」「的外れ」とばっさり切るのではなく、「どうしてそう思ったのかな?」「もっと詳しく教えて」「例えば?」「具体的には?」と尋ねて、思いを引き出していく。

「さっき、3時間目の国語で習ったことを結びつけて答えたんだね」
「野球部で頑張っている自分の経験から、主人公の気持ちを予想したんだね」
「家で小鳥を飼っているから、小鳥の立場に立って考えたんだね」

このような視点で捉えれば、誤答も活きた発言になっていくはずです。

教師がこのような聞き方をモデルとして示すことで、子ども達も聞き合うようになっていきます。

「Aさんは弟がいるから、こんなふうに考えたんだと思う。私も妹がいるから、その気持ちがよくわかるよ!」

「ほめ言葉のシャワーで、Aさんは『Bさんが笑顔でうなずいていている姿がいい』と言ってくれたことがうれしかったって言っていたから、今日の授業でも笑顔でうなずいていた」「Cさんの答えに納得したから、私も意見を変えたい」

相手軸に立って聞き合うことで、全員参加の話し合いになっていきます。教師の押しつけや多数決ではなく、みんなで考えた結論だからこそ、一人ひとりの腑に落ちるのです。

話し合いの目標をどこに置くのか、教師は常に意識し続けなければなりません。

本書は、小学館の教育情報サイト「みんなの教育技術」の連載をもとに、書き下ろし原稿（第1章）を加えてまとめました。

連載時から、記事をまとめて構成いただいた関原美和子氏には、本当にお世話になりました。また、連載、本書を担当いただいた編集部の白石正明氏にもお礼を申し上げます。

まずは教師自身が子どもたちと「聞き合い」ましょう。相手軸に立つことで、これまで聞こえなかった子ども達の言葉がたくさん聞こえてくるはずです。温かい教室での「学び合い」のスタートです。

２０２５年２月　10年目の節目を迎えて

菊池省三

〈巻末付録〉

菊池学級「聞き合う」「考え合う」フォトギャラリー

「１対多」でも全員で聞き合う対話

「１対１」だけが対話ではない。一人の意見を全員がしっかり聞くことで、「聞くこと」５×「話すこと」５の対話が成立する。

スキンシップもコミュニケーション

非言語もコミュニケーションの１つ。教師が手本を示し、明るくてやわらかい空気をつくる。

頭の距離は温かい心の距離

耳だけではなく、全身を使って聞く。相手の話をすべて受け止めようという気持ちが表れている。

自由な立ち歩きで関係性も高める

仲良しグループや男女の別に関係なく誰とでもかかわり合うことで、かかわりの質が高まっていく。

聞き合いは意見のカケアイ

みんなの意見をかけ合って、新たな気づきや発見が生まれる。

協働的な学びを創り上げる

同じ立場同士という、“即席”のチームでも、協働的に意見を練り上げることができる。

自分の意見を責任をもってつくる

意見を出し合うためには、まず自分の考えをつくること。学び合いは当事者意識をもって。

友達の「関心事」に自分も関心をもつ

ほめ言葉のシャワーでは、主人公だけでなく、友達のほめ言葉にも関心をもつ。

学び合いは寄り添い合い

「次はどんな意見が出るかな」と、わくわくしながら聞く。
みんなの呼吸が合っている。

相手と自分の非言語がマッチする

どう話せばいいか考えている相手を待つ。待つことも聞き合う姿の１つ。

白熱する話し合いは、緊張感と明るさと

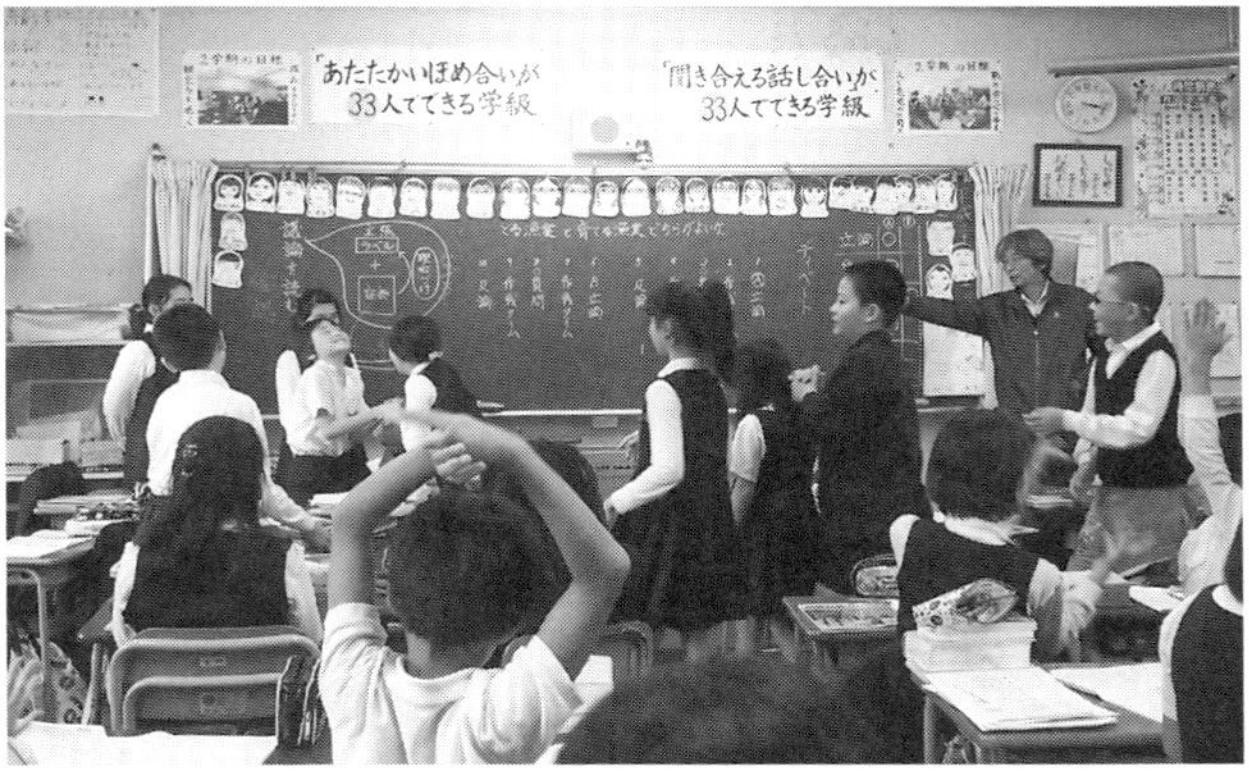

緊張感と明るさがかけ合わさって、話し合いが白熱していく。

自分達で自覚的な話し合いを組織する

「番」と「平等」を守りながら子ども達自身で進めていけるのが、
最高峰の話し合い。

菊池省三の真剣指導
「聞き合う力」「考え合う力」を鍛える授業

2025年3月24日　　初版第1刷発行

著　者／菊池省三
構　成／関原美和子
発行者／北川吉隆
発行所／株式会社　小学館
〒101-8001 東京都千代田区一ツ橋2-3-1
電話　編集：03-3230-5683
販売：03-5281-3555
印　刷／TOPPAN株式会社
製　本／株式会社若林製本工場

装幀／近田火日輝（fireworks.vc）
カバーイラスト／野口奈緒子
本文デザイン＆DTP／永井俊彦（ラム・デザイン）
編集／白石正明
宣伝／内山雄太　　販売／福島真実
制作／浦城朋子　　資材／遠山礼子

ⓒKikuchi Shozo　ⓒ小学館2025　Printed in Japan
ISBN 978-4-09-840246-5

※造本には十分注意しておりますが、印刷、製本など製造上の不備がございましたら、
「制作局コールセンター」（フリーダイヤル　0120-336-340）にご連絡ください。

（電話受付は土・日・祝休日を除く9:30～17:30）

本書の無断での複写（コピー）、上演、放送等の二次利用、翻案等は、著作権法上の例外を除き禁じられています。

本書の電子データ化などの無断複製は著作権法上の例外を除き禁じられています。

代行業者等の第三者による本書の電子的複製も認められておりません。